谨以此书献给

每一个为幸福而奋斗的你

命运翻转

冬奥冠军 徐梦桃 自传

徐梦桃 —— 著

沈阳出版发行集团
沈阳出版社

图书在版编目（CIP）数据

命运翻转：冬奥冠军徐梦桃自传 / 徐梦桃著. —
沈阳：沈阳出版社, 2022.12（2023.7 重印）
ISBN 978-7-5716-2708-9

Ⅰ. ①命… Ⅱ. ①徐… Ⅲ. ①徐梦桃-自传 Ⅳ.
① K825.47

中国版本图书馆 CIP 数据核字（2022）第 173296 号

新华通讯社
  吴　壮　曹　灿　许　畅　肖艺九
  王昊飞　薛玉斌　费茂华　吕小炜
  李　钢　王丽莉　徐家军　Jens Buettner

特约记者
  王　亮　李晓阳

出版发行：	沈阳出版发行集团|沈阳出版社
	（地址：沈阳市沈河区南翰林路10号　邮编：110011）
网　　址：	http://www.sycbs.com
印　　刷：	三河市南阳印刷有限公司
幅面尺寸：	165mm×235mm
印　　张：	14.5
字　　数：	180千字
出版时间：	2022年12月第1版
印刷时间：	2023年7月第5次印刷
选题策划：	张琼妹　宋　铮
责任编辑：	张　旭　赵　琳　马　驰
封面设计：	林　康
版式设计：	杨　雪
责任校对：	赵秀霞
责任监印：	杨　旭
书　　号：	ISBN 978-7-5716-2708-9
定　　价：	35.00元

联系电话：024-24112447
E－mail：sy24112447@163.com

本书若有印装质量问题，影响阅读，请与出版社联系调换。

序言

我曾经很害怕桃子不能成功

张 斌

人在多哈,桃子呼叫。她的自传即将问世,邀我写序,书的封面上,她激情呐喊着。桃子做事效率真高,密度真大。读着她的朋友圈,见她忙前忙后,各种心愿一一实现。如今又有了自传,见事事圆满,朋友圈里的桃子笑得很有感染力。

无论是竞技圈层,还是广袤的朋友圈中,很多人会比我更加了解桃子,比我似乎更有资格为她的自传写序,讲出的故事和感悟会更加真切些。而我,不过是与桃子这样的运动员群体有着时空交集。恰是在他们闪耀之时,坚韧过关之时,我们往往是缺席的。因此,每一次在节目中的关切与询问,其实都是想走入他们曾经的时空岁月,而仅非巅峰时刻。

不太记得清第一次遇到桃子的场景,反正从2010年温哥华冬奥会开始,我在节目里就开始重复她的名字了。与特效工程师一起在空间建模的世界里,测度她飞腾的高度,换算成常人可以感知的几层楼高,这其实也是我们当时对这项运动的认知,能飞能站,不怕跌倒,超人般的存在。如果再乖巧能言,那简直就是我们节目的最优之选,桃子逐渐便是这种存在,所有人都在等着她以及队友用一块冬奥会金牌终极加冕。

那块冬奥金牌的召唤,每四年一遭的炼狱,从温哥华到索契,再到平昌,身体乃至精神的挫伤都刻在每一位亲历者身上,欲说还休。这世界上一个非常小众的运动参与群体,角逐着一项高风险的项目,何以站稳求胜？在我们这些外行眼中已是一门玄学，最后一跳与四年往复之间靠什么紧密绑定？清空杂念是一种能力还是岁月沉淀所致？我们根本没有答案，只是忙不迭地将听到的过滤一番，等着能给出答案的人，终有一天来到。

　　桃子的朋友圈就是荣誉播报台，数十个世界冠军的展示格外真切，一年年地走上雪道着实不易，其间有多少是热爱，多少是不甘，多少是别无选择，也只有她自己知道。最挣扎的日子里，我想她是沉默的，朋友圈里可以长久不见其踪影。比如，平昌之后。再比如，我们这些局外人根本不知道的许多日子。年轻的躯体或许可以抵御创伤，但我一直好奇，桃子的内心是如何在这十余年间承受那份不如意的，甚至可能是永远的不如意，有没有沉入心灵苦海中的时光岁月，至今不曾为外人道来？哪些失常和伤病恰是心灵的不安所致？又是什么让她在绝大多数时间里安然回到世人中间，继续扮演欢快的坚强代言者。

　　北京冬奥会。三年未见，她似乎一切如常，朋友圈里记录着自己的每一个可以让外界感知的脚步。金牌，就要在北京拼得这块定其未来人生的金牌，告慰自小的征程。我是在播出机房里，眼见着桃子终于站稳的，心里的颤动一度带着身体的颤抖，几十年的采访报道经历之中，此刻又一次有了与当事人的情绪贯通，那嘶吼和向天之问扯开了我以及更多人的胸襟。回到办公室，我急匆匆地在手机上敲字，迫不及待要在这一刻将我所感知到的情绪传递出去。今天再把这段朋友圈中的文字附上，谢谢桃子替很多人向天嘶吼：

　　"徐梦桃赛后的嘶吼足以把每一个观看直播的场景塑造成情绪感染力至深的空间，那声音像一把利刃，切开岁月的屏障，让我们不得不回到温哥华、索契以及平昌的争金之夜，更让每一个体育报道从业者，饱含兴趣跟随她穿行过往起伏跌宕暗自磨砺但并不被外人感知的跋涉日子。

2018年2月16日，平昌。在前往争金赛场的班车上，徐梦桃朋友圈里突然发出一条赛前豪言——不夺金，不再来。这在中国竞技体育史上都是极为罕见的，结果未能如愿，所有人的努力仍不见金，平昌寒风中唯有彼此安慰，泪水吞到肚里。我们一再努力，桃子也没有来到演播室，平昌黯然，大家也都没了气力。

　　转年，在大庆采访桃子，我试图攻克平昌那一幕背后的原委，她给出的理由轻描淡写——就是想逼自己一下。我们都接受了桃子的答案，那罕见的一幕在各自心中也渐渐淡去。不再来，谁舍得？她依旧是头号主将，不可能就此放过自己，金牌的执念，北京的召唤，让她继续生龙活虎，继续翻腾不止，在朋友圈里，在冰天雪地里继续连战连捷。

　　我们总是以为人心相通，可以读懂赛场上的人与事，但没有机会活在他们每一个奋进的日子里，就很难给他们别样的运动人生添上恰如其分的注解。桃子的故事可以慢慢道来，20年的历程是部大戏，战友如云，处处艰险，甘苦交织，好似一部《人世间》未完待续。"

　　这条朋友圈下回应者众，一种情绪暗自涌流。其实，我曾无比担心，如若北京夺金不成，桃子的人生将会如何？继续奋进，还是轻车改道，那份始终不能得的痛与惆怅如何安放呢？2022年12月10日是桃子夺冠300天，她记得清清楚楚，就像是初恋的年轻人记得爱情中的每时每刻。如今，她终可以尽情释放，用胜利来疗愈一切了，此种圆满妙不可言。有机会，再沉淀，要和桃子聊聊，关于她自己的故事，她会越讲越传神的，她的经历质感很足，真实到刺痛。在这次可以预期的故事会之前，这本自传是最好的讲述。

2022年12月11日于多哈

| 目录 |

Preface　序　言　我曾经很害怕桃子不能成功　　张　斌

Prelude　序　章　一切，从 B 开始

Chapter I　第一章　寒战

008　|　老徐的铁东区

014　|　劳模与美人

020　|　捡来的命运飞毯

025　|　体操房里的老灵魂

Chapter II　第二章　高于生活

034　|　"自由式"青春期

041　|　向空中去

049　|　天天如何向上

055　|　跟班与领班

Chapter III　第三章　直视深渊

064　|　起飞阿尔卑斯山

072　|　折翼阿尔山

081　|　搏命赛普里斯山

Chapter IV 第四章 炼金师

090 | 徐冠军之重

102 | 银牌的含金量

Chapter V 第五章 硬着陆

114 | 小阴天

118 | "完美"的解脱

124 | 大修之年

139 | 不是你哭,就是我哭

Chapter VI 第六章 好赛分子

156 | 吃点甜的,很有必要

163 | 超帅的日程表

171 | 三十而练

181 | 钢城与港城

Chapter VII 第七章 我是第一吗!

190 | "银"影重重

202 | 以最华丽的方式

215 | 飞往我的山

Postscript 后记 三十而已,未来待续

Prelude

| 序 章 |

一切，
从 B 开始

直体翻腾，水平转体

身心磨合，突围人生

"我是第一

越挫折越努力

我是第一吗

天微亮跟太阳比早

人潮像海浪滔滔

你只能努力奔跑"

2022年5月,我的首个单曲《我是第一》甫一上线,就在全网花式翻唱,从高压职场到高考考场,一声声"我是第一吗"激情呼应着云顶之上的那声嘶吼——"我是第一吗?我是第一吗?我是第一吗?"

"她的呐喊穿透了冰冷的夜空。不远处,冬奥空中技巧场地附近停着的汽车也鸣笛为她庆祝。"媒体报道用这样的字眼去描述我的桃式大嗓门儿。

是的,这声嘶吼,因为太过激动,甚至喊破了音,但高亢依旧。它,不只是我个人夺金后的尽情宣泄,更是整个中国自由式滑雪空中技巧女队的跨世纪突围,当"银牌"像"阴影"一样紧紧笼罩我们24年,一声"我是第一"终于向世界宣告:我们,不再是"收银员"!我们打破了魔咒!

我们的奥运冲金游戏不再爱死机!

32年人生之路,不长;但因为与奥运战车同行,很酷。4岁开始在体操房翻转腾挪,目的地已然非常明确:成为奥运冠军;12岁开始在雪山之上纵横翻转,20载奥运之旅一波着实三折:温哥华→索契→平昌。解析我的人生大数据,我的命运轨迹俨然就是四个字:奥运周期。但,真的就只有这四个字么?

那些在谷底的逡巡与坚持,那些伤痛中的绝望与希望,那些梦想中的六便士与白月光,那些重生时的高峰体验与完美超越,使得我在"雪与血"的双赛道上加速成长;所斩获的不仅是此时此刻的金牌加身,更有让人生绽放更多可能性的永不言败。

"任风嘲笑内心在燃烧

可是要第一

就不能停下来

感觉到痛生命才存在

再小的人物

也能追求所爱

哪怕是一步一步永不言败"

"90后",被贴了很多标签。在公众眼中,永不言败的我最醒目的那个标签是:一个戴头盔的,会翻很多跟头的女运动员。

作为雪上运动员,我们出现在观众面前,总是自由式滑雪空中技巧运动的全副武装。"蒙面大侠"是我对自己和队友们的戏谑称呼。说是大侠,倒也贴切,因为我们常年行走于高山之巅,在人烟稀少处饮冰卧雪,苦练空中技巧。

当我在雪上翻转了 20 年，"我是第一吗"的呐喊声也第一次带领我翻转到了公众面前。如果说冠军是我的 A 面，那我的 B 面少有人知道。

一切，从 B 开始。

我的故事也从 Born（出生）开始。原生家庭真的穷，家里最困难的时候只剩 45 元。爸爸和妈妈生活在小城市，依靠摆烧烤摊辛苦谋生，他们虽然没有房、没有车，但他们有一个共同的梦，就是让女儿成为他们梦想中的"第一名"。

两岁起，我就会帮助他们去收羊肉串的铁扦子，即使后来成为世界冠军，我也会和爸妈一起在街上卖肉串。回忆烧烤摊边的童年，只有辛苦，没有悲苦；只有动情，没有悲情。因为，作为贪吃的小孩，我能享受的隐形福利是那么多，当别的小朋友反复请求家长为自己买一串羊肉串时，我可以肆无忌惮地享受羊肉的美味。有大补级的羊肉给我滋养，为我续命，所以才有了未来赛场上的那么多"第一名"。

一切，从 B 开始。

自由式滑雪空中技巧所有动作代码大多是以 B 开头，BACK，向后。

bFFF（Back-Full-Full-Full）是我在北京冬奥夺冠的三周跳动作：向后，直体翻腾 1 周转体 360°，接直体翻腾 1 周转体 360°，接直体翻腾 1 周转体 360°。直体翻腾，水平转体，被风裹挟，遭雪打脸，腾空 10 多米，完成纵横翻转，继而在 70 多米的赛道上俯冲下来，落地的方式永远未知。无论是体面收场，稳稳站住，还是摔得七零八落，狼狈不堪，这一环节永远最吸引眼球。因为越到最后越惊险，所以这个项目非常"好看"。

如同这个好看的运动项目一样，我的人生虽然充满痛感，但也足够"好看"：四次大手术，44 个世界冠军，86 枚世界赛事奖牌，还有切除 70% 的半月板。"巨大的不确定性"也许是世界历史的一个特征，而我伴随这种充满巨大不确定性的运动已然走过 20 年。风雪、情绪、心理、团队、实力、运气，命运战车左右奔突，血肉之躯翻转不息，我也从一个莽撞的跟从者逐渐成为资深的操盘手。是的，头盔之下的桃子绝非那个只会翻跟头的姑娘，她也会在网络江湖找寻更酷的优皮体，以手机测试咖的身份打造更炫的个人虚拟王国。她不只醉心"收集"国际雪联年度总冠军的水晶球和"黄马褂"，她还是那个爱漂亮耳环，爱美甲和美食，喜欢用自拍和乐高减压的时尚达人；她不仅擅长赢取金牌，更擅长赢得各类好学生证书，用翔实的文字每天复盘自己，用严谨的计划驱动自己。从银牌到金牌，从硕士到博士，文体并重，知行合一。

一切，从 B 开始。

Be myself, 未来之路，成为最好的自己、更好的自己。人生大满贯，三十而已，从雪上赛道到生活赛道，我不是传说中的那位"四朝元老"，而是时刻准备从零开始，勇敢探索更多可能，让自己成为更新鲜、更新锐、更全能的"大美桃"。

在成为最好的自己的路途上，我所仰仗的是最美的家庭和最强的中国，这是自己与家与国最好的互动。

感恩家与国赐予生命。生于共和国钢都，适逢伟大民族复兴，我的每一次进步都来自老爸羊肉锅和祖国母亲的双重投喂，而我的梦想，我们家的梦想，分明在国家伟大复兴的脚步声中成为最美的现实图景。

感恩家与国赐予幸运。2022 年 2 月 20 日，北京冬奥会闭幕式，我成为那个被命运选中的人，有幸与速度滑冰男子 500 米金牌得主高亭宇，共同担任中国体育代表团闭幕式旗手。在全球观众面前，我发布了独具创意的鸟巢秀：我骑在高亭宇的肩上入场，手中高高地挥舞着五星红旗，我们两个人的名字生成了一句创意十足的文案——"高"举中国"梦"。作为那一个"梦"，梦桃何其有幸。

当我高举国旗走过鸟巢，那面我四岁起就长在家中的墙上，与我形影不离的国旗，已然成为自己命运的最强底色，有梦、有（桃）花、有家、有国、有情、有爱，感觉不要太帅，太美！重温这刻骨铭心的经典一刻，引发我的桃式大嗓门儿再度发声：生于中国，长于中国，圆梦于中国，徐梦桃，你是多么幸福，又是多么幸运！

Chapter I

| 第一章 |

寒战

不是天赋,是零度之下的赋能

从那块旧地毯到奥运最高领奖台

4 岁的孩子将完成 28 年的翻转

老徐的铁东区

修剪得体的茵茵绿草，宫廷风格的摇曳篷布。雪白的桌布，发光的餐具，精致的炉具上烧烤着海陆空各类食材。闻香识味，这场景让我十分熟悉，却又有些陌生。

2022年早春时节，我受鲁豫姐之邀，与她进行了一场深入的访谈，地点设置在一家露天烧烤营地。细节决定一切，她的团队果真专业。是的，让一位在烧烤摊边长大的嘉宾最快地融入话题，这一切，无疑是非常生动的场景设置。只是，面对满眼的物料，面对对方的良苦用心，我弱弱地问了一句：我的火辣辣直抵心尖的鞍山大油边呢？我的柔嫩嫩暖心无比的老徐小羊排呢？

从外人的生动想象到我的生活现实，毕竟有着难以快速弥合的距离。

700公里之外，我的童年在大鞍山的烟火熏陶中度过。这股烟火气不是来自大名鼎鼎的鞍钢，而是来自老徐的烧烤摊。这一切，我永远不会忘记，从来也不需要想起——老徐的羊肉串，曾经串起我家的所有，我的所有。

故乡鞍山是东北的一座城市，以"钢城"闻名全国。沈大铁路穿城而过，铁路东侧为铁东区，铁路西侧为铁西区。以铁路划分区域的命名方式，在东北的工业城市中一点也不少见。不止鞍山市坐拥铁东区与铁西区的大名，还有沈阳市的铁西区，吉林省四平市的铁东区与铁西区。铁路钩沉着东北历史的跌宕，也串联起这片广袤黑土地的个性故事。

1990年7月12日，我出生在鞍山市中心医院，从小在铁东区长大，感受是刻在骨子里的——鞍山与鞍钢水乳交融，彼此共生。小时候，鞍山的空气还不像如今这么清朗。白天，工业区里巨型烟囱排布整齐，蒸腾着黄白色的浓烟，烟尘弥漫在整个城市的上空；傍晚，铁东区湖南街的十字路口活色生香，水果摊声声叫卖，烧烤摊泛起簇簇火光，这就是老徐烧烤发家的起点。

穿过拥挤的人潮，来到湖南街金石榴超市的十字路口，就能看见二十几个流动的商品摊位争奇斗艳，组成一幅热闹的"鞍山夜宴图"。

"大哥，吃羊肉串不？"

当我作为老徐和小丽的闺女，学着妈妈去招呼客人，才不过两三岁的年纪。那时，我还不足桌子高，跷着脚帮助爸爸妈妈去收拾小桌上客人吃完肉串留下的铁扦子。

"这是谁家的闺女？"被我喊大哥的人，常常都是叔叔、爷爷辈的人，他们没有人生气，反倒觉得有趣，会为了我这个小小孩的热情多买上几串。

"我家的。"烧烤摊上的老徐高度专注，言语高冷，在我眼中，他就是个帅爸。

鞍山的夜宵时刻从傍晚六点开始，原因很简单，正是维护市容秩序的管理人员准点下班的时间。老徐的烧烤摊在湖南街与大石街交叉的十字路口上，这里是铁东区一片繁华的商业地段，四周坐落着工商银行、金石榴超市、外国语学校等等，老徐就以此为据点，横纵流动。之所以没有固定的位置，是因为他的出摊历史，其实是一场场市容整治和个体生存矛盾的破解之旅。快速地支摊，快速地离开，历练出老徐非凡的游击战能力，而他忠诚的食客们也一路追随，同样练出了敏捷的识别能力，常常是我们刚一落地，他们就闻香识味，紧随而至。

小时候的我，哪里知道街头谋生的不易，老徐到哪里，哪里的街边路口就是我的乐园，在一旁玩石头、捡扦子，自得其乐。老徐再忙，也不会耽误我吃饭，我从小饭量就很可以，算个撸串的小能手，一次能吃上30多串。

那时，鞍山的消夜摊烟火气十足，从摊主到食客，都自带粗犷不羁的风格。过分精致的饮食，无法满足东北人大口吃肉、大碗喝酒的豪爽性情，烧烤摊才是饕餮们馋嘴时的最终归宿。那时候，大家也不苛求环境和卫生条件，装菜的破竹筐子倒翻过来就是桌子，马路边随手捡上几块砖头，垒上就成了小凳子。老徐在炉火架边动作娴熟，起火，翻转，撒一把孜然和辣椒，简单处理的肉串，炙烤后的油脂落进炭火里噼啪作响，摄人心魂；烟熏木炭和美拉德反应带来的焦香风味，满足了街头无数好吃的灵魂。

最简单的原料，就能给人留下最深刻的印象，这是老徐烧烤的精妙之处。老徐手下的鞍山大油边，外焦里嫩，香而不腻，满口留香……我真想把所有美好的词汇都献给它。什么是油边，其实就是猪的护心肉，一条由筋膜包裹着的瘦肉，富含油脂又质地紧密，咬一口，油香四溢。在鞍山，牛肉、羊肉、大油边，并称烧烤三大标配食材，再配上一瓶"大绿棒子"啤酒，真是爽爆了。

"万物皆可大"，东北话的表达特征很能呈现本地人的个性，不管什么词，只要在前面加上一个"大"字，保准拿捏住东北话的精髓。一个"大"字不仅饱含了热热闹闹的烟火生活，也是我心中东北人豪爽性格的最佳体现。东北的冬日漫长，寒风刺骨，要想在这片黑土之上生存下去，没有一副"大"体格，没有一颗"大"心脏，没有一个"大"嗓门儿，还真难以抵御三九之寒。

老徐也不是一开始就会烤肉串的，他的命运，也曾在时代的大潮里起伏翻腾。曾经,单位、厂房、车间,是他奉献青春的地方。生于东北,生活在大国企,意味着个人和集体存在一种深度绑定的关系,亲密已经深入骨髓。这里产出了新中国第一炉钢水、第一辆解放牌汽车,甚至天安门城楼上的第一枚金属国徽……作为共和国钢铁工业重镇的鞍山,更为国家贡献过重要的工业力量。

老徐 18 岁离开老家沈阳,下乡盘锦,回城后分配进鞍山汽车修配厂, 1985 年又带薪上了三年中专,生活也算是蒸蒸日上。但毕业没多久,国企改革,工厂转型,工人下岗,老徐的光辉岁月结束了。老徐说,那时候大家都一样,不知道下一步应该做些什么。但生活总是要继续过下去。

大鞍山之大,不仅锻造出坚硬的钢铁,也铸炼了鞍山人强悍的生存意志。也是从那时候起,许多人为谋生计,在街边干起了小买卖。身材瘦小,一口烟嗓的老徐也成了湖南街第一批拓荒者,卖蔬菜、卖水果、卖水产,老徐做过各类营生,最后落脚在烧烤摊,这一干,就是三十年。

小吃摊,越是日常刚需,竞争就越是激烈,一个小摊能存活十年以上,要满足方圆三五公里的美食家们,只依靠宣传是不够的,必须还得有口口称道的手艺撑场面。鞍山烧烤,在东北烧烤的无数流派中也独占一席。过去,各地人才北上支援鞍钢建设,也因此带来了南北饮食口味上的借鉴与交融。鞍山烧烤,无所不烤,无所不包,一如鞍山人的性格,开阔且包容。

食遍东西的美食爱好者,口味刁钻,但要让本地人推荐烧烤美食,老徐烤串一定榜上有名。不过段位再高,有时也难敌街头残酷的生存现实。夏日酷暑,肉不能久放,我家买不起冰柜,卖不掉的就只能扔掉;冬日严寒,站一小时,人就被冻僵,手都不听使唤;如果再碰上雨雪天气,一天没有收入也是常有的事情。不过老徐最怕的,还是不时出现的管治警报,它预示着又一场狼狈的逃离。一面是"烧烤高手",一面是"底层小贩",摇摆转换之间,日子也就这样过来了。

对老徐来说,那是一段不堪回首的伤心记忆,也是不愿提及的家庭往事。也是在老徐不经意的讲述间,我才知道,那时小丽妈妈已经怀孕四个多月。后来,刷到美食纪录片《人生一串》,有一句解说词令我瞬间泪目:"面对生活的硬,我们怎能服软。"对于那时的老徐来说,面对生活的龇牙咧嘴,他只能坚持面对,即使牙齿被打落,也只能咽回肚里。因为,他的身边是爱人,爱人的肚子里是即将出生的孩子,这一切都是老徐最大的软肋。

三十年光景,不知多少人从老徐手里接过一把羊肉串。虽然马路游击战的日子还是不少,但老徐的摊位逐渐固定下来,成为铁东区湖南街夜市一个地标般的存在。年过半百的大哥和老徐追忆往昔,诉说着家庭琐事;年轻男孩们撸着串,热热闹闹和老徐聊上几句最新的体育赛事。老徐呢,则早习惯了各种"养成剧"情节接连上演:20年前,男孩背书包放学来吃肉串;10年前,男孩恋爱,带女朋友来吃;结婚后带妻子来吃;没过几年,男孩成了父亲,就变成带着孩子来吃。舌尖的味道一直没变。对于湖南街长大的一代人来说,走到哪儿,都觉得还是老徐烧烤才最对味儿!

很多人问过我,老徐烧烤的秘诀是什么,我说不上来,就记得老爸总是很辛苦,天还未亮就出门去市场采购,市场里卖的大块羊肉切得粗糙,他再回家细细加工,独家腌制,串上铁扦,上桌前只管撒上盐、辣椒面。老徐很厚道,进货不计成本,注水的、冷冻的肉绝对不要。按老徐的说法:"薄利多销,我得让客人们吃好。"吃,是我家生活的温暖日常,也是鞍山人展现热情的一大方式。周到、务实与热情,是老徐的家传，蒸腾在炙烤燃烧的炭火之间，也徐徐滋养着我日后的人生。

因为电视剧《人世间》的热播，浓郁的东北情怀再次引发国人热议，也让我对自小生活的铁东区，有了不那么一样的认知。为什么雷佳音会在《人世间》演绎出小人物周秉昆的灵魂？理由其实很简单，他同样来自鞍山铁东区。记得有次记者专访，聊到关于东北的生活体验，雷佳音的回答中，有一个细节让我心生感慨，"我们全家就居住在一个不到14平方米的房子里。这个面积，甚至比不了电视剧中光字片里的蜗居"。和雷佳音相比，我家还要更"迷你"一点。我出生前，老徐和小丽折腾搬过十五次家，停留最短的一次是窝在简陋的地下室里一个月。等我出生以后，晋升为父亲的老徐，不得不面对开销暴增的情况，一边忙于烧烤，一边还接手了小区的停车棚。车棚旁一间小铁皮屋，成为我们一家三口的家。屋里放不下床，只有一铺土炕，我生命的原初记忆便是在这个土炕上开启的。

记忆里，迷你的小屋只有一个昏暗的小吊顶灯泡，我站在炕上玩耍，透过窗户，就能看见对面坡上的五层楼房，一到夜里，家家都打开日光灯照明，好亮好亮。牙牙学语的我，竟然有感而发，讲出了第一个完整的句子："爸爸，你看，人家住大楼，咱家住小房儿。"后来我才知道，我的这句童言童语，让老徐倍感心酸与愧疚，在寒风里独自抹了半小时眼泪。

一年又一年，跟着老徐摊位的流转打怪，我们家的蜗居也在变迁。从铁皮屋到出租房，再到37平方米的自购房，直到今天90多平方米的两居室；2011年，"老徐肉串"也搬进门店，再不怕刮风下雪，无惧暴雨突袭。和许多平凡人家一样，一家人的日子在烟火气中自然流转，但从未离开过铁东区。

2022年北京冬奥会之后，很多网友在讨论我的出身，我被贴上了"悲情冠军"的标签。但我不这么认为，这就是最真实的生活，也是最奋斗的人生。偶有难堪，偶有难关，最终的答案，也就是关关难过，关关过。老徐依靠街头智慧将人生过成精彩一串，左手小贩，右手大哥，于辗转腾挪间护佑着自己的家人，一步步走向了平凡但扎实，平淡却幸福的人生。

劳模与美人

每次翻出小丽的旧照片，我都像打开盲盒一样会收获一份惊喜。

波希米亚不羁，牛仔狂野，蕾丝纠缠风情，港风、文艺风、复古风一一重现。我的胖乎乎的小丽妈妈，竟然有过那么细的腰身、那么瘦的四肢、那么小的脸盘，关键是，她还长那么高。

一家三口，老徐是烧烤界的劳模，我是赛场上的劳模，小丽呢，是我们家唯一可以享有公主称号的大美人。

劳模配美人，自然应该是一段佳话。妈妈很年轻就从老家辽阳独自来鞍山打拼，20岁时，她在西柳服装市场售卖童装，留着大波浪卷发，脚蹬阔腿牛仔裤，活泼爱笑。还没等事业展开拳脚，就遇上了老徐，那时老徐刚开始做小生意，35岁但身材保持得挺好，留着八字短胡须，样子很酷。

在我还未接触浪漫的言情小说与偶像剧之前，老徐和小丽，就是我心目中完美的爱情范本。他们的感情水到渠成，带着那个时代的典型印记，简单、纯粹、直接，没有目的性和物质条件的干扰，也没有相差

15岁的年龄顾虑，老徐和小丽的相识相爱，便是后来一切情节的基础。

小丽妈妈是我的妈妈，如果去掉"妈妈"两个字，"小丽"本身更让我好奇。我想知道她在成为我的妈妈之前，她又是谁呢，她的妈妈又是什么样子呢？《父母爱情》电视剧播出时，看到女主的身世，我总会追问小丽："妈妈，我姥家到底是什么样的呢？"

姥姥家是辽阳民间一个东北大鼓世家，曾经名噪一时。大鼓是东北传统的曲艺形式，唱腔流畅，曲调丰富，内容很多都来自民间小说、戏曲和传奇故事，滋养了姥姥家几代女人们。在那个旧时代，太姥姥深知女性艺人的艰辛，从来不主动教授女儿们关于东北大鼓的唱法，但姥姥姊妹三人从小耳濡目染，在民艺这条路上，还是走出了非常优秀的传承者和代表人物，那就是我的姨姥姥，著名评书表演艺术家刘兰芳。

大美人之"大"不仅在婉约，更多在于豪气。出身民艺世家的小丽也自带了母系家族的练家子风采。和老徐一起为小家打拼数年，日子虽难，但小丽对待贫苦的生活自有应对的方式。她的性格有几分散漫，不那么爱收拾家，大大咧咧，直到现在，家里的琐事，小丽都很少操心，就连水电气怎么缴费，她都还迷迷糊糊。小丽很少抱怨，也不诉苦，总是默默操持着这个小家庭。平日里，老徐上完货回来，切肉穿串，需要把肉串码好放进泡沫箱。一个泡沫箱估摸着小二十斤。小丽担心老徐腰伤复发，总是自己铆足劲儿，抱起沉重的箱子，一口气下了5楼。长年累月，她手臂的三角肌练得丰实，逐渐成了家里名副其实的"大力士"，要是举行掰手腕比赛，我的成绩一定不如小丽。到了深冬，老徐无法出摊时，小丽就另外寻找工作，赚钱补贴家用。

这么多年，不管日子多么辛苦难挨，小丽都将其视为生活的本来面目，乐观且淡然，和老徐相濡以沫几十年，始终以积极的态度应对人生的无常。无论面对什么情况，她似乎都可以拿得起，放得下。不戚戚于贫贱，不汲汲于富贵，内心自带一股侠女的豪情与柔情。

如果说我的体育梦想和奋斗人格来自爸爸老徐，那我对于情感和美的感知则一定来自母亲小丽，以及母亲背后的家族。

鞍山本地报纸《千山晚报》，曾在网络上公开征集过一个问题：在你心目中，鞍山到底是一个什么样的地方？其中一条我看得狂点头：挺时尚，美女以敢穿出名，时髦洋气。东北向来盛产美女，在东北妹子里，鞍山妹子更是别有特色——长得漂亮，性格直爽，还特别敢穿。而我从小最亲近、最喜爱的女神妈妈小丽，就是这样的妹子。

童年时代，妈妈喜欢捯饬我，每次出街都是一次亲子时装秀。大约是来自做童装生意的影响，妈妈对于我的服装搭配，很有一套自己的想法。儿时的相册里，有一张我最爱的旧照片，这张照片捕捉下了妈妈年轻时候的靓丽风情。

靓妈小丽穿一身黑色连体服，下身为短裙，挺阔潇洒，小腿外套一条粉色中筒袜，搭配一双黑色单鞋。而我一身粉色，深粉色V领衬衣配浅粉色长裤，腰上系着一条黑色小皮带，配上一双白色小运动鞋。高挑的妈妈长发飞扬，牵着小小的我大步向前走，硬是把寻常小道走出时尚T台一般的感觉。如今，我对各类粉色的痴迷，也一定与小丽有关。

小丽的美育，就是这样以一种张扬的方式进入我的生命。妈妈长得美，也爱美，传承到我这里，直接变成了爱臭美。这种爱臭美的习惯延伸到了我的所有自媒体，自拍成为我最大的热爱，各种自拍，各种晒照，甚至成为我赛场解压、给生活加分的好方法。爱臭美，是我给自己的专属标签。无论何时何地，拍下一张照片，或是拍摄一段影像，成了我的一个习惯。微笑、嘟嘴、傻乐、卖萌、做鬼脸表情，每一种神态的徐梦桃，都是活力满满的"大美桃"。当然，自拍最具风格的还是我代表性的露齿大笑。爱笑的女孩美起来，连自己都会被迷倒。我的笑一点儿不矜持，有些大胆，有些豪放。在我心中，笑就是世界的通行证，也是我个性颜值的最好呈现，"颜值即正义"，正如我的口头禅："你那么美，你说得对。"

我的臭美不是生硬的摆拍，作为职业运动员，运动服是我的日常穿着，自媒体平台上各种自拍不全是自恋风的炫耀，更多是晒我的运动风的常态素颜。作为赛场上神秘的蒙面大侠，我的自拍更多是向大家展露我本真的面目，哪怕在家里穿着休闲，哪怕刚锻炼完大汗淋漓，哪怕比赛失败的偶尔失意，我都以最真实的素颜状态展现在公众面前。

作为滑雪运动员，我的面庞和身体都被护脸、雪服遮得严严实实。早年的雪服外观笨拙，活动更是不便，再加上高领防风和厚实的护脸巾，如果不是解说员的解说和字幕提醒，观众有时真的很难看出谁是谁，我们更像是雪上运动一枚简化的符号。但这枚符号，是形式感极强的一枚符号。如果多加留意，会发现作为冰雪运动员的我，有着自己独特且抓人眼球的装备。镭射闪耀的硬质头盔、彩色包条的高清护目镜，还有中国队极具代表性的红白相间的龙服。为了保暖，我还会戴上茸茸的针织帽，训练时会戴着花俏的套头耳机听着音乐，不止酷帅，更有可爱。即使在比赛中，我也有着打扮的小巧思，除了非常注重色彩搭配，我还会注意色彩的选择，高饱和度的色彩适合在白色的雪地里使用，可以快速聚集焦点，不容易迷失。每一次比赛之前，我还会精心准备自己的小配饰，闪亮的耳环、精致的美甲片、紧跟变化的潮流发型，我还热衷收集五颜六色的小弹簧发夹，简单却不乏小惊喜，轻松为自己的颜值加分。美在大气，也彰显在细微之处，在这些小细节上为自己的美丽加持，是我赛前仪式感重要的一部分。

自恋也是自信，是我展现积极乐观、精神昂扬最直接的形式。对美，我不只深于体验，对什么是美也有自己独特的解读。美，不只是颜值之美,也包含性格之美,脱下职业的战袍,我对美的理解可以浓缩成五点:自信、阳光、率直、健康、三观正,尤其是为了追逐梦想奋力一搏的样子,充满人格魅力。

如果你问我,是喜欢素颜的自己,还是浓妆的自己?我的答案是,最喜欢戴上头盔的自己!和女性通常展现的娇柔美不同,这是一种征战赛场、谁与争锋的硬朗之美。这种独有的"豪情"之美,隐匿在母系家族的基因里,也彰显在姨姥姥演绎评书的奔放风格中。听过她的评书代表作《岳飞传》《杨家将》的听众都知道,岳母姚氏、李娃、佘太君、穆桂英、王兰英、苗秀英、黄凤仙等赫赫有名的女性,一点都不输男子,她们明大义、爱国家、升帐、传令、整队、指挥队伍、冲锋陷阵,大有作为。坚韧之下,内心有爱也有情。她们,是姨姥姥评书里的大女人,也是我崇拜的女英雄。

作品如其人,姨姥姥刘兰芳为了减轻家里负担,14岁就选择了辍学拜师进入艺术团,独自走南闯北,凭着一副好嗓子和阳刚勤奋的性格,最终成为一位名扬四海的评书艺人。在我心目中,能将这些大英雄们演绎得最惊心动魄的、最铿锵有力的,定是我的姨姥姥刘兰芳。

在评书《鞍山奥运冠军谱》里,姨姥姥刘兰芳讲述过她与小丽,她与我的血缘关系,"徐梦桃的妈妈是我亲妹妹的女儿,听明白了吗?我是徐梦桃的亲姨姥姥!"家族,血脉,亲情,女性,美丽,柔情,豪气,通过姨姥姥、小丽,又传承到了我这里。

姨姥姥是母亲家族里的女性楷模,也是评书创作领域的全能劳模,不仅会说,更擅长写。《杨家将》《岳飞传》《红楼梦》这些脍炙人口的故事经过姨姥姥的编写,变得更受大众喜爱。她和姨姥爷为了翻新《岳飞传》,几乎没日没夜地创作。姨姥爷睡觉时,就由姨姥姥写,到了后半夜,她困得眼睛都睁不开了,姨姥爷再起来继续写。"虽然没有头悬梁锥刺股，那时候也没少用冷水浇头，还念叨着'男儿当自强'来激励自己！"姨姥姥笑着告诉我。这种对于技艺的雕琢用心，对于困难的迎头而上，也成为我源源不断的力量来源。但姨姥姥叮嘱我最多的，还是不要因为训练而放松学习。她担心运动员练功多，书念得少，总是敲打我："桃桃，你要补课。"我一直视姨姥姥为家族的偶像与榜样，希望向她看齐。所以，我一直没有停下求学的脚步，一路从硕士读到博士。

在姨姥姥眼里，我是个"男孩"性格，倔强又好强。每次放假去探望她，她总心疼我常年训练，生活乏味。我们闭口不谈比赛成绩，而是一起包酸菜馅饺子，逛街购物，分享好玩的日常。和舞台上的曲艺大师刘兰芳相比，我眼中的姨姥姥心态年轻，与时俱进，对待一切事物谦和宽容。她也会和我分享瘦身减肥的小窍门，给我购买漂亮的衣服，还常常带我去老茶馆听戏，一壶茶，一支曲，我赛前紧绷的精神竟然得以放松，传统曲艺果真有如此魔力。

如果说我与姨姥姥还有什么深层的"瓜葛"，那就是我那好听的名字是来自姨姥姥。1990年夏天，在我出生后，小丽妈妈将起名的重任交给了腹有诗书的姨姥姥。因为姨姥姥与姨姥爷都是曲艺工作者，注重音律，我的名字也遵照了平仄声调，徐字是二声，梦字是四声，桃字是二声，这样名字从发声上有音调的起伏升降。姨姥姥说，这样读起来朗朗上口，颇具音律之大美。

除了平仄声调之外，我的名字还寄托了家人对我的美好期许。鞍山有著名的千山风景区，每逢4月，桃花溪谷里一簇簇粉白花朵，如胭脂、如云彩般盛开。"梦里遇陶公，笑看红尘事"便是姨姥姥借由桃花源原创出来的精妙意境。诗人陶渊明笔下的桃花源恰是一处世外仙境，那里的人无忧无虑，自得其乐地生活。姨姥姥思来想去，最后定下了"梦桃"两个字，也是希望我能够笑对人生，自由自在，幸福快乐地成长。

拜姨姥姥所赐，这份乐观已然化为我的基因，爱笑成为经典的桃桃表情包。无论命运的上空有何风雨雷暴，梦里总会遇到乐观自在的陶公。这是一种面对人生的刚柔并济之道，也是一个女性不亢不卑的大气独立之美。

一个名字蕴含的无限美好，时时刻刻支持着我在前行路上翻转奔跑。

捡来的命运飞毯

你为什么会走上体育这条道路？

因为我爸喜欢体育。

每当有记者提出这个问题，我的回复都是如此简单。但在这个简单的问题深处，隐匿着的是一条早早埋设于我命运深处的逻辑线。

人类最深刻的记忆往往定格深刻。有两个巨大的特写来自我的童年。一个是家中的电视机，永远只停留在CCTV-5体育频道；另外一个是水泥地上的旧地毯，小小的我在上面练习一字马。

作为体育爱好者老徐的闺女，其他的小朋友在追看动画片的时候，我每天跟着老徐追体育比赛。刚发现我有体操的天赋，老徐就迅速捡来了一块旧地毯。我在CCTV-5体育频道的背景声中，开始在旧地毯上的练习，我的命运就这样被老徐引领着走上了体育之路。

老徐为什么如此痴迷体育？这是一个不那么简单的问题，与他的个人经历相关，也与时代相关。追溯他热爱的源头，我能够到达的最初节点是他的中学时代。早在沈阳上中学时，老徐就是运动场上的"好战分子",下课时间的十来分钟,操场上已经展开了一场小比赛,单杠、双杠、摔跤,老徐都不逊色。下乡到盘锦之后,望不到头的偏僻乡村,日复一日的繁重农活,老徐的运动魂无处安放,没了操场,只有田间、土路和泥塘,他就自创一些活动聊以安慰。对体育的爱好,回报了老徐一副结实精干的好身材,也是他年轻时心灵的寄托与向往。

在上个世纪 80 年代,中国女排在世界杯、世锦赛和奥运会上获得五连冠,成为一代人的精神偶像,"顽强拼搏、为国争光"的女排精神鼓舞着年轻人为中国之崛起而热血沸腾。对体育明星的崇拜,让本来就热爱体育的老徐更加狂热,冠军梦成为他滚烫滚烫的梦想。但是,家里条件并不允许,下面还有四个弟弟妹妹需要照顾,作为家中的老大,老徐必须肩负起大家庭的责任,对于体育的痴迷,就只能停留在痴迷而已。自己没有机会走向专业的训练道路,老徐在心里为未来种下念头:等以后有了孩子,不管是男孩女孩,一定要送他/她去练体育,把他/她培养成世界冠军。

追溯我宿命的源头,在我出生以前,其实,老徐就已经替我"狠心地"选定了体育这条路。我刚出生,送我去练习体操或者跳水就已经在他的设想当中。在我 3 岁的一个晚上,老徐陪伴我在屋里玩耍,突然兴起,说:"桃桃,立正,把这条腿抬起来。"老徐慢慢将我的左腿一点点往上掰,竟然慢慢掰到了 180 度,我竟然没有感觉到任何疼痛,身体展现出极好的柔韧性,于是,老徐断定我绝对是个练体操的好苗子。

那时,我家刚搬进一间与别人合租的小房间里,空间十分局促,一进门就是一张破旧的木头床,还有一张饭桌,一台小电视机。但是为了发掘我的运动天赋,辅助我肢体训练,老徐专门在水泥地上,划出一片空地。他从别人搬家扔掉的旧物里,淘回来一块 1.5 平方米大小的地毯,冲洗干净后，这块旧地毯就变成了我的简易训练场。

训练我，老徐挺有自己的办法。学着电视上体操项目的技术动作，学着从体操教练那里看来的教学手法，开始像模像样地指导我倒立、下腰、翻跟头。老徐的休息日，就是我的训练日。我一伸懒腰他就拔高我的腰，一坐下就助压我的腿。

自我记事起，我从没有看过一部完整的动画片，更没有玩过什么新奇的玩具，家里那台12英寸的黑白旧电视机永远停留在CCTV-5体育频道。无论是天赋暗藏的玄机，还是老徐强势的引导，国旗、国歌与奥运梦提早充斥了我幼年生活的各个角落，"我的梦想就是要拿奥运冠军！"

一次，小丽带我在小区附近遛弯儿，路过几层台阶，我一跃而上，说："妈妈，你快给我唱国歌！"我挺直腰板，目视前方，右手握拳放在心口，已经能模仿起电视里运动员夺冠后的样子，小丽唱起国歌，我稚嫩的脸庞充满了与年龄不相符的坚定。目标如此远大，但奥运会到底是什么，年幼的我，真的还没有很完整的概念，郎平、李宁、邓亚萍，对我而言，依旧是电视里伟大而熟悉的名字。

自4岁半起，我的练习场地从家中的旧地毯转移到了鞍山市体校的体操房里，开启了数年腾跃翻转的体操岁月。从进入体校开始，老徐就严格要求我："一定要练好，只许第一，不许第二。"鞍山市体校占地面积不大，但是设施还算齐全。训练馆的地面铺陈着微厚的绿色海绵垫，延伸至场馆的四个角。场馆内只有一侧有窗户，下午时分才会有阳光散射进来。镁粉扬尘，烟雾缭绕，弥漫着消散不去的汗液味道。这是一种独特的味道，一种只有体操房才有的味道。

体育赛事直播中，体操比赛里的女孩子总是漂亮又高傲，小小的孩子哪里知道体操运动员背后所经受的训练残酷。倒立是基础训练，一群孩子双腿贴着墙壁，空间在眼前倒转180°。眼前眩晕，肌肉发颤，我总盯着窗户下的光影出神，这有转移注意力的效果，可以忘记身体上的煎熬。倒立训练需要持续2分钟，下一秒，身边其他的小伙伴，再也无法支撑自己，一个个泄气地瘫倒在垫子上。四五岁的小孩，都是家里宠大的，哪里被这么"虐待"过，有的小伙伴已经声嘶力竭，哭得上气不接下气。而我，还得继续。老徐送我去体校上课，每次都会嘱咐张丽萍教练："让桃桃再多练一分钟。"场馆里，最后只剩下我一个人，支着小胳膊，浑身颤抖，汗水直淌，却咬着嘴唇不发一言。

从小到大，除了爸爸妈妈，我喊得最多的一个词就是"教练"。"教练，我这样行吗？""教练，我还想试试。"偶尔也会打"小报告"："教练，她刚刚扯我头发！"挨训时，站在严厉的教练跟前，低着头小声说："教练，我错了。"等到训话结束，才敢偷偷抹一把眼泪。在鞍山市体校，形成了我对竞技体育的最初印象。虽然是以培养兴趣为主，但训练中赏罚分明，优胜劣汰的比赛规则已经逐渐显影。

三年时间，铁东区于我只有两个基本点，湖南街的家与鞍山市体校，训练填满了我的日常生活。两点之间只有5公里的距离，每次需要换乘两次公交车。夏天，小丽接我放学。热气蒸腾的训练馆里，我的背心湿了又干，干了又湿。一出体校，我眼巴巴地看着小丽，说："妈，我想吃个冰果儿。"当时公交车费一段五分钱，一个冰棒也五分钱，小丽说："女儿，那这一段，咱俩就走路，不坐公交车了。"我叼着冰果儿，开开心心地和小丽走路回家。

当被教练看重，被教练表扬，将我当作与别的孩子不一样的好苗子时，我有了胜利者的小小满足。也正是在咬牙坚持的训练中，在以走路换冰果儿的旅途中，小小年纪的我，渐渐懂得要想享受，先要忍受的道理。

1996年亚特兰大奥运会，邓亚萍获得了乒乓球女子单、双打两枚金牌，众人欢呼，国歌奏响，老徐热泪盈眶，抱着我说："看，这三个就是领奖台，分别代表冠、亚、季军，将来你也要站在最高的这个地方，让国歌为你奏响，知道吗？"我认真地点了一下头。

在那块捡来的旧地毯上，我不仅完成了体操训练，也完成了学业的最早启蒙。我没有按照正常的流程上幼儿园大小班，老徐成为我的学前班老师，坐在地上，从看图识字到加减乘除，从《三字经》到《百家姓》，老徐把自己所知所学全部传授给我。后来不知道他从哪里找来几本三四年级的小学教材，虽然我还不懂事，一心只爱撕书里的彩色插图玩，但"文体不分家"的学习理念已经渐渐融入小桃子的心里。

盘坐在这块好似有魔法的飞毯之上，起跳、飞跃、学习逐渐成了我的肌肉记忆。像每一个练体操的小女孩一样，追逐腾空，就必须学着克服空翻和落地的恐惧，我必须充满勇气，才能完成和地心引力的对抗。虽然腾空不过一两秒的时间，但这短暂的停留，足以获得像是飞向天空的快感。

当我第一次真正开始练习起跳时，望着起跳的高度，再看着坚硬无比的地面，心里不免有些害怕。毕竟之前，我们都是在蹦床上往柔软的海绵坑里跳。但我在心里鼓励自己："慢慢练，我能行！"每天从训练馆回家，我的身上都会出现新的伤痛：手臂、腿部，还有背部。小小的伤痛没能使我退缩，从幼时起，我的好胜心和不服输的气质就毫无掩饰，如果自己哪个动作做得不好，下课后，我会独自在海绵垫上，不停地重复着那个动作。张丽萍教练心疼我，让我喝口水休息一下再继续，可我坚持不肯停下来。等到第二天训练课上，我已经是所有孩子中完成动作最好的那一个。

要变得更强，就要更好地掌握技术。运动员技艺的一部分体现，不仅仅是对常规技术的掌握，还有和环境的交融、对环境的感知。对于一名小体操运动员,自幼就要培养所谓的"杠感"和"木感",脚底与接触面的亲密关系,是一种无法描摹的玄妙感受,只有在完成动作的过程中才能体会。跳进过海绵坑的轻松柔软,落地过海绵垫的微妙回弹,也体验过平衡木的温润坚固,我脚底最思念的,还是老徐变出的那块旧地毯,带着一些粗糙的质感,一点也算不上舒服,却意外地让我感觉心安,它安顿我的身心,逐渐成为我身体感受延伸的一部分。数年来,从脚下、木上、水下,再到雪上征战世界,我脚下的落点不断在变化,但这块旧地毯的触感一直长久陪伴着我,稳稳护佑着我的心神。

三年业余体校即将结束,我也到了上小学的年龄。是继续练习体操,还是回到正规的小学读书?在老徐尚未最后想清楚的时候,命运之神再次彰显出她神奇的力量,在我成为铁东区常青小学一年级学生一个星期之后,吉林省长春队来鞍山选材,体操成绩优异的我被选中。

这是一次影响深远的转折,加入长春队,意味着我将从业余体操练习者向专业体操运动员进发;同时意味着,7岁的我就要离开爸爸和妈妈,离开鞍山铁东区的家,去另外一座陌生的城市长春,开始独立的寄宿生活。

1997年秋天,老徐、小丽和我,一家三口,坐上了鞍山开往长春的绿皮火车,列车奔突向前,一条新的道路在我面前徐徐展开。

体操房里的老灵魂

"这个小朋友以后要买全票了啊。"

多动的我,引起了正在查票的乘务员的注意,他的提醒让老徐和小丽有些紧张，两地之间将近7个小时的旅程，即使是最便宜的座票，来回的路费仍旧是不小的负担。按照规定，小孩身高不足1米2，车票就可以半价，已经开始蹿个头的我，买票时偷偷在棉裤里屈腿，成功地为家里省下了一笔"巨款"。

与金钱相关的小动作，折射出一个家庭的生存真相，就在我不经意地"屈腿"瞬间，那个3岁就知道在烧烤摊招呼客人的小姑娘，又成熟了一度。

一个人的成熟，不是忽然之间达成的。当我成为一个很早就懂事的小孩时，这些生活中的磨难一步一步为我的早熟做好了铺垫。

终于到达长春。来到长春队所在的长春市体育运动技术学校，在我的宿舍里，老徐和小丽为我铺好了床铺，又套上了被套。我知道，他们即将离开我了，这个小床将是这个陌生的城市我唯一的落脚点。第一次要和爸爸妈妈分开，我很是不舍，眼泪已经快要从眼眶里溢出，但为了不让他们担心，我还是假装镇定，强忍住泪水，和他们说了再见。

这或许又是我早熟的一面，即便不舍，即便想念，我也从不会说，不会表现软弱，不想给爸爸妈妈带来不必要的麻烦。但到底是个7岁的小孩子，等他们离开之后，我蒙在被子里哭了好久，好久。

1997年，我成为长春队的一名小体操运动员。业余与专业的差别，就从硬件设施开始。与基础设施简陋的鞍山市体校不同，长春市体校带给我最直接的感受，是训练条件上的极大跃升。男孩们在一层训练，女孩们在二层，场馆干净明亮，记录屏幕、高低杠、技巧板、单跳板，再往里有单杠和蹦床，设施应有尽有。宿舍在不远处大平层的白楼里，集宿舍、公共浴室、食堂、自习室于一体。从各县市挑选上来的小队员有三十几个人，日常吃住都在一起。十几张上下铺小床沿着屋子墙壁摆成一个半圈，我的床就在进门正对面的上铺，一进屋就能看到。

没了爸妈的陪伴与庇护，我只能靠自己尽快地适应集体生活。进队的第一件事就是剪头发。体操馆里，小女孩们坐在板凳上，等待着头发被一一"修剪"整齐。我那为了臭美留的一头漂亮的"黑长直"，在教练员手起刀落间被无情斩断。"刷刷"一截发丝落地。我一照镜子，得，直接变身小子了，但也确实更方便了训练。

长春时期，时间长，训练苦，是奠定我体操实力的起点。那段经历，几乎可以用极致纯粹来形容，专注体能，专注技术，专注成绩，专注比赛，是一段再难以复制的时光。三十几个储备小运动员在一起，竞争的激烈程度超乎我的想象。我练的，她们也练；她们会的，我也会。实力相近，天赋也相差无几，因此我的每一次测试都必须全力以赴，才能保持第一的"王座"。强者生存是竞技体育的残酷信条，我不怕比赛，只怕自己不是第一。从地方队到国家队，几乎是每一个中国运动员的理想道路。但这意味着大浪淘沙，不进则退。每一次测试成绩，每一次比赛排名，都关乎未来的驻留时间。

有一次，我着凉发烧，脑子昏沉，浑身疼得难受。我一早去了医务室打吊瓶，正赶上这天老徐来长春看我，给我带了我最爱吃的黄桃罐头和旺仔牛奶。我还烧着，就收到队里集合的通知，马上要进行体能测试。

"老爸，我感觉烧退了点。"

老徐摸摸我的额头，问："那你头还晕吗？"

"好像不晕了。"

老徐也心硬："那你就回去测试吧。"

我点点头，没有一句抱怨，让护士姐姐帮我拔了吊针，吞下最后一口黄桃罐头，咕噜一口气喝掉旺仔牛奶，就赶紧小跑回到队伍集合测试。

我自认不是天赋型体操选手，靠的就是比其他人再多一点努力——加倍的重复，加倍的体能，加倍的腿部力量。其他队员练习一次，我要反复练习多次，没多久，脚底和手心就磨出一个又一个血泡，时间长了就成了厚厚的茧，长得太厚，以至于要用刀片把它们削薄才能重新训练。虽然我已经浑身是伤，但还是在心里默念："不行，再来。"

训练艰苦，再加上自觉吃苦，我成了那个让"第一名"成为家常便饭的体操尖子队员，也成为三十多个小队员的大队长。

当了队长也想家，也想妈妈。就像配合着小孩子们的思念，每次训练结束返回宿舍，宿管阿姨就会带领我们同唱一首歌，这首歌的旋律和歌词到现在我还记得：

"小背篓，圆溜溜，歌声中妈妈把我背下了吊脚楼，多少次外婆家里哟烧呀糍粑哟，多少次听唱山歌哟，在呀桥头哟，多少次睡在背篓里尿湿了妈妈的背，多少次爬出背篓来我光着脚丫走，哟啊啊——哟啊啊，童年的岁月难忘妈妈的小背篓，多少欢乐多少爱，多少思念多少情，妈妈那回头的笑脸至今甜在我心头，甜在我心头啊——啊——啊——"

一首很温情的歌曲，在阿姨的领唱下，却被我们生生演绎成了幽怨的曲调。在集体大合唱中，我不仅配合阿姨在唱，还主动发挥队长的优势，特别为阿姨的歌曲配了舞蹈，歌舞联袂，催泪效果更佳，阿姨非常高兴，非常满意。再加上我平时特勤快，主动帮助她打扫卫生，我们之间的关系相处得非常和谐，这让我在无形当中，就享受到了许多福利。

小丽一个月来看望我一次，能在体校住上两三天。当时小孩们都盖1米2的被子，小丽个子高，我总担心她的被子不够长。怎么办呢？宿管阿姨有特批大被子的权力，于是，每次小丽来，我总能帮助她争取到大被子。小丽因此成了全队最省心的妈妈。别的小孩听闻父母要来看望，脏衣服、脏袜子瞬时堆满洗衣盆，但小丽来之前，我早已经把衣服全部洗干净。然后带她去食堂吃饭，总是先给她打饭，专挑她喜欢吃的菜让师傅多来两勺。从小丽照顾我，换到我照顾她，想想也不过几年光景。

7岁进入集体生活，我就迅速向一个小小的"社会人"靠拢。面对父母，我永远秉持报喜不报忧的原则，尽可能自己解决问题，成为一个不让他们操心的小大人，这是对他们最大的孝顺。面对教练，我会以好成绩说话，让他们看到我的价值和优势，这是最安全的相处之道。身边的人，包括队友和宿管阿姨，更是需要"结盟"的对象，因为他们是构成团队最大的底座，是相当重要的部分。

有人的地方就有集体，小孩子也有自己的社交生活。但是，在与队友们的相处过程中，我宁愿放弃务虚的"面子和尊严"，而是选择更适合自己个人状况的求实方式。

当时，每月学费加伙食费接近500块钱，这对于我们家是笔不小的开销。除此之外，老徐再给我15块零花钱。15块分摊到每一天，就是5毛钱，在当时只够买两个嘎啦苹果补充营养，后来嘎啦苹果都涨价了，只能买上一个。就在我为每天买一个还是买两个苹果纠结的时候，身边的很多队友每个月都会从家里拿到200—300块的零花钱。十几倍的差距，不是轻易可以弥补的。为了不丢面子，我会在她们大包小包买零食的时候刻意躲开，或者轻易不接受别人的零食，因为我没有多余的零花钱购买好吃的，也就无法和她们互相分享什么。

这样也好，让我规避了很多无效社交，也促使我在日常训练中更投入，更全力以赴。一个运动员，要想变得更有尊严，更强大，只有用成绩说话。也只有出成绩，自己才会有更好的未来，才有可能改变家人的生活。

在竞技体育明晰的晋升与奖励规则下，越练习，我才越理解竞技体操的美丝毫不温柔，背后是随时可能出现的流血和伤痛，以及冷酷的淘汰机制锻造出的忧患意识。有的小队员吃不下这个苦，练一段时间就放弃了。而最终选择坚持下来的小运动员，已经比一般的孩子更加审慎、独立和坚强。

由于我成绩优秀，加上表现成熟，长春队预备给我转正，这意味着小小的我将拥有稳定的工资收入。但是有一个条件，那就是我的户口必须从鞍山迁到长春。小小年纪一个人在长春落户，老徐和小丽当然不舍得，为了既保留户籍，又能够继续练习体操，1998年我从长春队转入辽宁省体操队。

与市级长春队不同，这里集中了全辽宁省最优秀的运动员，在这个新的环境中，我再一次成为新人，这种"新"并不是象征着新的开始，而是遭遇到了新的问题。确切地说，是命运难题。

进入辽宁省队时，我开始快速长个子了。体操讲究脚尖和膝盖的优美，因为遗传，我的膝盖骨大，腿会给人一种伸不直的感觉。我的感觉告诉我，对应着体操专业的要求，自己身体发育的走势越发失去了优势。中国体操重视运动员身体的协调性与落地的稳定性，因此偏向选拔体型小、重心低的体操苗子。在技术上，为了增强夺金实力，更强调增加难度，这一观念曾使中国体操运动员抵达了国外选手难以企及的技术高度，留下了"李宁交叉""李宁大回环""程菲跳""杨波跳"等经典动作。但与此同时，"求难度"也让体操队员的选拔和晋升，变得尤为苛刻和挑剔。竞争，意味着资源不可能平均分配。越往上走，教练的注意力越集中在那些有夺冠潜力的队员身上，这是竞技体操的"丛林法则"。

那是我少有的痛苦日子，我一下子没了目标，看不到自己每天辛苦地训练是为了什么。但我告诉自己必须振作，要自己去拓展生存空间，不能再这样浪费时间了。课下，我找来木板和绳子，睡觉时把双腿绑上，来修正腿不直的问题。课上，不用教练指导，我自己在一旁练习，直到动作完美。一次练习高低杠时，起跳时我发力不准，重心歪了，整个人飞出，摔在旁边的保护架上。保护架上没有垫子，不知撞上了什么尖锐的东西，将我的小腿刮出一道深深的伤口，骨头几乎露了出来，鲜血瞬间喷了出来。我从地上慢慢坐起来，忍住疼痛，一瘸一拐地去了医务室。上完药回来，继续练习，等到休息时，才发现血早已渗透了绷带。

水滴石穿，教练终于被我的执着打动，凭借韧性与努力，我再次成了队伍里的黑马，再次成为体操队的队长。除了身高导致的高低杠表现不佳，在需要腿部力量的项目上，比如跳马、平衡木，我已经可以优美起跳，并稳稳落地。

快乐也是有的。省队是真的待遇好，我终于不用再为买水果和雪糕发愁。队上定期发补给票，小队员发 50 张，大队员发 150 张。每次我训练表现好，还可以得到额外 10 张奖励。在指定的小卖部，拿着票就可以兑换零食、水果和冰糕，当时流行飞碟炒面、和路雪雪糕，还有火炬奶油脆皮甜筒，水涨船高，这个甜筒要值两张票。训练辛苦，得给自己点快乐，吃着冰糕，含着糖，我的虫牙恣意生长。

偶尔放假回鞍山的家，第一件事，打扫房间，刷锅洗碗，洗衣叠被；第二件事，开始在家挨个翻抽屉。老爸老妈有个习惯，一有硬币就往抽屉里扔。彼时，长途电话 3 毛钱 1 分钟，这些钢镚儿串起鞍山到沈阳 100 多公里的连线。假期结束，小丽给我包饺子，老徐送我回队。我带着一兜子饺子，还有一兜子钢镚儿，叮叮当当赶赴沈阳。日复一日，我的身高在增长，灵魂也在加速成长。过去困扰我的问题，渐渐不再成为一个问题。后来，我听到一首歌——《长大》，那几句细腻的歌词，真的写到我的心里，歌词如此描述：

"不是因为长了头发,也不是因为学会适应了挣扎,也许开始学会认识你我他,我曾以为那就是长大。还记得那无惧的盛夏,还记得吗?年轻的话。那一趟未知的列车,悄然它已出发,丢下行李去吧。长大了吗?世界不完美吧。拥挤的城市里,寻找自己的伟大。长大了吗?是不是太复杂。累了时候,问自己,你好吗?发了誓不容许平淡,才将小小的自我无限地放大。梦想与现实,没有毫厘偏差。"

从长春到沈阳,要当奥运冠军的梦想一直没忘。在体操世界,经历过被欣赏、被鼓励,也经历了被打击、被否定。训练房里的吃苦忍耐,集体宿舍里的周全处事,无一不在催熟着我的小小灵魂。一个刚过10岁的年幼身体,仿佛住进了一枚"老灵魂"。灵魂虽老去,但梦想还长。

Chapter II

| 第二章 |

高于生活

长到 1 米 52，命运忽然向我喊停

1 米 52 的高度

是我与地平线最后的平视高度

"自由式"青春期

"12岁的我也太好看了!"

这句感叹来自2002年的一张体操冠军照。回看12岁的自己,真的让自己都如此心动。一米五多的挺拔身形,四肢修长,亭亭玉立,完全遗传了小丽妈妈的优点。

但是,这样的美,对于一名正处于上升期的、10多岁的小体操运动员,真的不是什么值得开心的好事情。

是的,我好像有点太长了。上肢长,下肢也长,伸展开四肢,上肢竟然比下肢还长。竞技体操对于形体有着严格的要求,肌肉线条要流畅,膝盖与脚尖要笔直,个头最好还要娇小,这些条件能帮助运动员在复杂的动作完成上,姿态更加灵活,曲线更加优美。虽然凭借着投入与努力,我总能交出优异的赛事成绩单,但悄然发育的体形,偏偏踩中了竞技体操的两个雷点:四肢超长,膝盖骨大。

早在长春队,我的身高就达到1米2。到了辽宁省体操队,由于吃得多,长得快,比队伍里的许多女孩都要高出半个头。每月一次的身高与臂长测量,成了我心头挥之不去的阴影,因为身体每长高一厘米,教练的眼神就明显冷淡一分。日常训练里,我也察觉到了自己的勉为其难,在伸展腾空的过程中,很容易打手或者打腿,这也导致我在更进一步的选拔中吃了不少闭门羹。

体操舞台看似美丽,实则苛刻,精致的方寸之地,已然不能包容我的高度。但苦洒了 6 年的青春与汗水，要说放弃并非那么容易。为了克服这不可抗的身体差距，我不断给自己加练，不断给自己打气，通过丰实腿部力量，帮助自己跃升得更高。可越练，越练不好；越练不好，越练。一次又一次恶性循环。当我再次踏入曾经熟悉到不能再熟悉的体操馆，竟感到一种力不从心的疲惫。我像是《格林童话》中辛德瑞拉的姐姐，大一码的双脚怎么也挤不进灰姑娘的那双水晶鞋，削骨削肉都只是徒劳。夜里回到宿舍，双腿更有无法描述的胀痛断断续续朝我袭来。大约是每日运动量过度，快速生长的骨头与肌肉筋腱拉扯磨合，诱发了"生长性疼痛"。生长痛，原来人的成长真的会痛。

难以弥合的身高天然差，让我不得不直面竞技体育残酷的一面：努力过后，才知道许多事情，并非单纯依靠意志力就能跨越。地平线在我眼前徐徐铺开，体操世界的大门却越收越窄。

作为在体校里成长起来的运动员，我虽然年纪不大，但对职业运动员身不由己的体悟已然很深。努力、天赋、项目、比赛、制度等等，都在不同层面影响着一个运动员的成长。彼时，高低杠成了我最不喜欢的项目，高杠约 2.3 米，低杠约 1.5 米，两杠间距在半米左右，随着身形的拔高，上下左右的腾挪空间都变得紧张起来，空间的狭窄和逼仄限制了我的发挥。唯一一个可以自由伸展的项目，就是自由体操。

来到训练场上，我独自练习着自由体操，在 144 平方米敞亮的正方形场地里，搭配节奏感十足的现代音乐，我跟随自己的身心舒展地起跳、翻转。我的踝关节细，跟腱长，小腿的肌肉上提，如果没有身形的限制，我的四肢其实十分灵活协调。我仰慕俄罗斯体操女王霍尔金娜，她也是体操赛场上的"巨人"，身高 1 米 64，双腿修长。她也曾经因为身高很不被看好，但意外受到教练皮尔金的赏识，霍尔金娜最终不负期待，在比赛中展现了过硬的体操实力，风格独一无二。她向世界证明了身高和臂长无法影响一名有天赋的选手，重塑了人们对女子体操选手身材的看法。视霍尔金娜为体操偶像的我，决心也要以自己最大的力量冲一冲困扰我的一切。这个力量，当然就是好的比赛成绩。

2002年5月，辽宁省第九届运动会在鞍山市开赛，四年一度的体育盛会花落鞍山，整个城市荣誉感十足，沉浸在热烈的运动气氛之中。作为省内规模最大的一届综合性赛会，参赛运动员和教练员就多达16000多人，再加上国内观众，鞍山体育馆几乎被挤得水泄不通。

开幕式当天，来自各市的运动员昂首步入场地。我代表鞍山市参赛，位列在体操队伍中，身着红色紧身体操衣，上面绣着金色的流水条纹，面带着招牌的桃式笑脸闪亮登场。

省九运会的主火炬火种有两枚，一枚采集自鞍钢十高炉，名为"工业之火"；另一枚采集自省会沈阳，名为"文明之火"。"工业"与"文明"一如鞍山与沈阳两座城市的灵魂，在我的成长史中留下了深深的烙印。望着火炬被引燃的瞬间，我心中夺金的热情也被极大地唤醒。

经过激烈角逐，成绩比我预想的还要好，我在跳马、平衡木和自由体操三个项目中都斩获个人冠军，最终将3金2银1铜收入囊中。同时，多枚奖牌累计换来了12500元的赛事奖金。我特别兴奋地和爸妈分享，奖金全部用来补贴家用。

竞技体育已经向我全方位展示了它的吸引力，我享受成为冠军之后被欢呼、被赞美的感觉。相信站在领奖台上的自己，周身都散发着美而酷的光芒。与此同时，我发现努力真的会有声响，会帮助我接近和实现曾经的愿景，无论是冠军梦，还是养家梦。

但此时，摆在我面前的问题，并不是继续追梦的星光大道，而是该何去何从的纠结。获得省运会冠军的那一刻，对我而言既是一场梦的开始，同时也是一场梦的尾声。

12岁,恰是体操运动员的一次职业分水岭。即使成绩如此优异,我也没能等到其他优秀队伍抛来的橄榄枝。面对激烈的赛场,我看上去总是自信心爆棚,但对未来的茫然,却没有人能给予我任何回应。一想到我可能会离开体操项目,内心泛起的并不全是伤感,而是一种难以言说的复杂情愫。

这是竞技体育塑造我、成就我的部分,它总是在命运转折的关键时刻,指引着我接下来的行动。每当我感到迷茫,我习惯给自己寻找支点。伸手等待救援,或者索取帮助,不是桃子解决问题的最佳选择。我使用了自己最习惯,也最擅长的方式,找出纸和笔,以手写的方式,将目前面临的问题与解决的可能性一一列出。权衡之下,我意识到自己面前有三条道路:

一、继续体操项目。我在体操上面已经投入很高昂的时间和成本。项目驾轻就熟,历经省运会,已经小有成绩。苦修式的训练,对从小就在竞技场上长大的我来说,算不上致命的折磨。留在鞍山队,未来退役,争取成为基层教练员,过上安稳有工资的生活,留在爸爸妈妈身边,不失为一种妥帖的选择。

二、回到学校读书。12岁,是小学升初中的阶段,我可以接续系统教育的轨道。平日里虽然训练强度十分高,但我也没有因此放弃过努力学习。无论在长春,还是在沈阳,我都已经未雨绸缪,做好了转攻文化课的准备,我的文化课成绩在班里一直数一数二,统考更是拿过沈阳市第四名。因此回到正常的上学生活,也顺理成章。

三、改换训练项目。奥运梦未圆,我还舍不得就这样不留名字地离开竞技体育的世界,我也享受体育比赛带来的荣耀与满足。竞技类的项目类型选择不少,对运动员的要求也有着共通之处。我了解自己的性格,我不怕吃苦,也有一些头脑,去适应新项目应该不是难题。但最大的问题是目前信息匮乏,我还不清楚如何找到一个有前途,又适合我的项目。

也许是命运觉察了我的焦灼,也或许是冥冥之中的缘分。就在我感到最茫然、最黑暗的时刻,另一个"自由式"意外地蹦到了我的耳朵里。一天,我们正在午休,两个教练员凑在宿舍聊天。一位是我的体操启蒙教练张丽萍,另一位是沈阳体育学院的老师高婉娜,她俩从小就是队友兼闺蜜。

听到高老师问:"有些孩子长个头儿了,体操上发展不大,后面能练什么?"

张老师接话,说:"哎,可以练杂技嘛。"

高老师笑了笑,说:"要不把她们送到我们沈阳体育学院试试,来练自由式滑雪空中技巧。"

其实我并没有睡着,偷偷把教练们的闲聊放在了心里。杂技我肯定是不会去练的,但我对冬季运动项目也一无所知,就记住了"沈阳体院"和"滑雪"两个词。"滑雪"是什么?我陷入沉思。作为一个土生土长的鞍山妹子,我会的只有"打出溜滑",一项东北人最熟悉的"冬季小运动"。简单说,是在结冰的路面,借助鞋底徒步疾速滑行,稍有不慎就会摔得四仰八叉。一到雪天,一路走,一路出溜一路滑,是小时候欢乐的游戏。

放假回家后,我将这个信息同步给了老徐,就算是碰运气,也是一个机会。老徐也不懂啥是滑雪,但老徐是个行动派,第二天立马就去往沈阳体育学院竞技体校找人咨询。巧的是,正好找到了陈洪斌老师,这个项目的国家队主教练,了解到项目全称是"自由式滑雪空中技巧",目前在为国家队储备力量,需要一批 1990 年以后出生的小运动员。项目对技巧动作要求高,会优先考虑有体操背景的。老徐还告诉我,这个项目属于奥运会项目,但是冬季奥运会,所以练的人少。我当时就想,练的人少,那不是更好,说明竞争压力也小,如果练得出色,我是不是就更有机会拿世界冠军了?

老徐回家揣上我获得的所有奖牌和证书,领着我就去拜访陈老师。巧合的是,1994年12月13日,老徐带领着我开启了体操生涯;2002年8月13日,又是同样的一个13号,命运翻转,老徐又领着我敲开了陈洪斌老师的家门。

初见陈老师,他正值壮年,看上去精干、严肃,身材瘦削但肌肉紧实,说话的时候声音不大,但十分有力量。陈老师按例询问了我的基本情况,看到我的奖牌,也没有明确地表示,我能看出来,他似乎还在顾虑什么。

"这个地方是受了什么伤?"陈老师指着我腿上的疤痕。

"是从高低杠上摔下来刮破的,当时没有缝针,就留了大疤。"我回答说。

"有伤到骨头吗?做过手术没?"陈老师捏了捏我的膝盖骨。

我摇摇头。原来他是在担心我受没受过伤。骨折、韧带拉伤对于技巧类运动员来说,是相当常见的职业病,我还是第一次见到有教练对此如此谨慎。

陈老师紧接着打开了电视机和DVD,说:"这个项目有一定的危险性,先看一下比赛录像,你和你爸爸再决定要不要练。"

镜头落在一片雪白的滑雪场上,一个包裹得严严实实的女运动员,身着红白色搭配的臃肿运动服,戴着头盔也看不清神情。她双脚各踩一块长板,做出等待的姿势。然后高举双手,在坡面上起滑,感觉1秒钟都不到,她就从一个陡峭的雪坡急速地飞了出去,还在空中完成了类似体操的转体,差别是直体而非团身。最后女运动员屈膝落在了陡坡的另一侧,向下滑去,溅起来一圈雪碴子。

我看得目瞪口呆,傻傻地问:"这个坡上去了不会翻回来吗?"

"不会，这个坡是有角度的。"陈老师说。

当时，我并不知道电视里播放的这一段录像，正是1998年日本长野冬奥会的影像记录。在这次比赛中，中国女运动员徐囡囡在手臂严重脱臼的情况下，凭着强悍的意志力夺取了银牌，实现了中国雪上项目奖牌零的突破。

有成功，就有失败，视频里又播放了很多失败镜头的串烧版。我至今还记得有的运动员因为落地不稳，在雪坡上连续翻滚；还有人直接卡在雪堆里，半天站不起来。这个项目除了起飞那令人惊叹的短暂几秒，其他部分一点不像是一项体育运动，更活像是一部"恐怖片"。

"什么感觉？"陈老师问。

"老危险了！这么高，人摔下来不就废了吗？"我惊叹道。

陈老师笑了，又问我："那你看完害不害怕？敢不敢练？"

一个完全陌生的竞技项目，一个个充满惊吓的技术动作，但又带给我一种十足的新鲜感，蓝天白云之间，是雄伟苍茫的雪山，雪山之上的她们是多么潇洒，在天地之间自由驰骋，仿佛不受任何限制，动作是那么舒展自如。

这让我联想起自己在体操房里感受到的压抑氛围，让我想起睡在宿舍里的下铺小床，望着头顶上的小床板，时时产生要掀开它的强烈冲动。我渴望冲破压抑的一切，去找寻一片自由广阔的天空。就好像我喜欢"自由式"体操一样，一个也带着"自由式"名称的运动项目真的为我打开了一片向往中的天空！

恐惧是真实的，内心的激动也是真切的。我很想精确表达我的想法，但又一时不知道怎么说。老徐还是最了解我心思的人，立刻在旁边给我鼓劲儿，说："桃桃，不要害怕，刚才那位姐姐跳得多好看。咱们同样是运动员，她敢这么练，你肯定能练得更好。"

面对陈教练和老徐，我一下子来了勇气，大声地说："能练！大家都摔，没准儿我站了呢！"

在推开陈老师家门的那一刻，宿命之门再次旋转开启。变轨也好，重启也罢，无不意味着我将要面对一段全新的职业之路。从体操转向滑雪，我也逐渐意识到，当不再害怕失去过往的荣耀，我也就拥有了对未来选择的自由，离开体操队伍的那一天，我意外地如释重负，就这样轻松地、坦荡地、无畏地走进了雪上运动领域。

从"自由体操"到"自由式滑雪"，我的灵魂深处似乎偏爱"自由"这两个字。如果生命本就是一场永不停息的翻腾，那就不要轻易地停下。过去练习体操，或许一部分是为了圆老徐的体育梦；此时投奔自由式滑雪空中技巧，则是我在成长道路上，一次事关自我意志的识别与抉择。

怀着重新蓬勃起来的梦想，怀着某种不可言说的期待，我决意奔向那一片自由的应许之地。

向空中去

从地面到雪面，如何从体操转向空中技巧？

没有技巧。只有到空中去，才会跟上一代又一代人的探索与突破。

2002年8月，我正式到沈阳体育学院竞技体校报到，也正式开启了我雪上运动的历史。自由式滑雪空中技巧，和它陌生的名字一样，是一个新兴的冰雪项目，20世纪80年代国际冰雪界才有相关赛事进行。作为自由式滑雪的小项，因为危险系数太高，空中技巧原本一直是奥运会上的观赏性表演节目。1994年利勒哈默尔冬奥会上，自由式滑雪空中技巧才被正式列为冬奥会比赛项目。90年代初期，随着中国改革开放的步伐加快，代表国家软实力的体育事业力争上游全面开花，除了着力发展夏奥项目，相对薄弱的冰雪项目也得到了高度重视。作为冰雪运动的大本营，跳台滑雪、越野滑雪、空中技巧，这三支雪上队伍被安置在沈阳体育学院。

沈阳体育学院是一所极具先锋精神的体育大学，不仅很早就开启空中技巧理论和实践研究的学术准备，还积极选拔和培养空中技巧运动的一线人才。附属于它的沈体竞技体校，专门招收省内外优秀的小运动员，借由沈阳体育学院的学术和实践优势，建立了从小学到大学的综合性运动员培养体系。我恰逢其时，成为竞技体校的一分子，也幸运地受到母校沈体庇荫多年。

成为空中技巧的预备小队员，也就成为当时国家队郭丹丹、徐囡囡、李妮娜、郭心心等初代姐姐们的小师妹。我了解到，原来她们都和我一样，大部分是从技巧、体操、蹦床等项目转型而来。而两位国家队教练也是跨界而来，一位是招收我入门的陈洪斌，一位是杨尔绮，前者练习体操出身，后者从事高山滑雪运动。对于空中技巧运动，他们都是"门外汉"，刚入门时，杨老师只会滑雪但不会翻跟头，陈老师只会翻跟头但不会滑雪。

担负着发展中国雪上运动的光荣使命，为了让自己具备更丰富的实践经验，已步入中年的陈老师勇敢地选择从零开始。不会滑雪，那就偷练。为了维持自己作为教练的威严，不能让队员怀疑自己指导的准确性，他总是趁队员们训练完回宿舍休息时，自己在雪场独自练习，也总是最后一个踏雪离开。在雪里摸爬滚打，卧冰尝雪，摔倒了不知道多少次，他很快掌握了滑雪的技巧。

缺乏实战经验，那就"拉片"。所谓"拉片"，就是一帧一帧阅读画面信息，反复观摩内容，并且分析记录。记忆里，我常看到陈老师在宿舍里看技术录像，神情专注，遥控器上暂停按钮的印刷标志都已经模糊不清。当时空中技巧比赛相对集中于美国、白俄罗斯、澳大利亚等几个传统强队之间，国内电视很少转播和直播，所以只能靠观看技术录像进行学习。空中技巧的比赛精彩而短暂，起滑，腾空，翻转，落地，十几秒的时间就会结束，陈老师总是一帧一帧地停下来观摩，分析动作的合理性，动作的得分点、扣分点，等等，再讲授给运动员们。

在自由式滑雪空中技巧的发展历史上，"向空中去"绝非一句虚无缥缈的口号，而是一段自主摸索的野蛮生长。不会滑雪的教练带着不会滑雪的队员，勇敢向空中去，积极参加空中技巧运动各项赛事，冲出亚洲，走向世界，向空中要奖牌，要金牌。第一个亚冬会冠军，第一个世界杯冠军，直到1998年在长野冬奥会，徐囡囡首获冬奥会银牌。靠毅力，靠理想，靠热血，硬生生历练出了一支顽强生长的中国雪上队伍。

我加入时，正好是2002年盐湖城冬奥会结束后的整顿、反思和改革时期。在这一年的盐湖城冬奥会，空中技巧队伍铩羽而归，两位女运动员发挥失常，名次不理想，三位男运动员全部未能进入决赛。我们这一批刚入队的小孩，虽背负着未来的希望，但都还处于小白状态，连雪场长什么样都搞不清楚。因此，整个队伍的面貌以及训练状态，都等待着重整与再次出发。

1990年出生的我，生肖属马，据说属马的人天性热爱自由，灵敏好动。我在懵懂间进入雪上运动，原本以为脱离压抑的体操房，就会像神话中的天马一样，顶破天花板，腾空而起，跃入蓝天，留下一道属于自己的华丽身影。可实际要面临的诸多困难，超乎了我的想象。

首先是来自跳台跳水的挑战。

冰雪运动还要训练跳水吗？是的。这是夏训的重要内容。按照自由式滑雪空中技巧的训练步骤，运动员首先要在水上完成技术动作的模拟训练，然后再回到雪上进行。而我，面临的一个现实问题是，我不会游泳。

很奇妙的是，许多冰雪运动员都是旱鸭子。对于水，虽然我没有很恐惧，但学会游泳也真不是那么容易。

我练习游泳的地点，就是沈阳体育学院老校址的老跳台。作为沈体著名的训练场地，它见证了自由式滑雪空中技巧运动的风风雨雨，13枚奥运奖牌，与这座水池跳台紧密相连。

老跳台位于皇姑区陵东街老校区露天游泳池深水区的西面，几乎与沈阳体育学院自由式滑雪空中技巧队同龄。最初修建于1993年，在水池深水区上方搭建了一个脚手架的简易跳台，高24米，春秋比较冷的时候，就在水池上拉一个大网，水池中再放上海绵。这就是囡囡姐她们曾经的夏季训练场景，我和囡囡姐当过短暂的舍友，她告诉我，当时她们站在上面，腿都在抖，风一吹，脚手架还会自己摇晃。就这么从跳台上向下俯冲，那种恐惧的感觉，她现在回忆起来还心有余悸。

等我开始接受正式训练时，我所使用的水池跳台，已经是革新之后的版本。为了提升成绩，保障安全，沈体人决心重修水池跳台。资金不够，全校教职工自主捐款，加之社会赞助，凑够了装置费用；没有多余的空地，领导们百般商议，决心拆除一个废弃的足球场。终于在1997年年初，沈阳体院建成了一个具有一、二、三周台齐全，占地约3亩。高33米的夏训水池跳台，成为当时亚洲最高的空中技巧训练设施。

我曾经说自己的游泳技术是野路子风格，确实是这样。为了让我尽快进入水上训练，陈老师以比较生猛的方式教会了我游泳。

在炎炎夏日，能跳入温凉的水池中游泳，听起来是一件极其美妙的事情。但我却不能轻易做到，更无法真正享受。因为跳台下的那池水实在是有些埋汰。由于模拟的跳台无法还原雪面的光滑程度，运动员的下滑速度一直达不到要求。教练们想出办法，将肥皂水涂抹在雪板和下滑材料上面，以减少摩擦，帮助滑行。肥皂水确实对训练有效果，但肥皂入水之后，情况就不那么妙了。夏天炎热，幽绿的池水上涌动着白色的肥皂浮沫，经过不断发酵散发出怪异的味道，浮沫的边缘还招来了不少蚊虫。

"这不就是童话故事里巫婆熬制的毒药水吗？"我后脊背一阵发凉，心想："这要跳下去，我不会中毒身亡吧？"

陈老师见我面露难色，以为我害怕了，从包里拿出来一根长长的麻绳，围着我的腰来回缠了几圈。

"下水，别怕。"

我悲摧地闭上眼，硬着头皮，扑通跳进泳池，绳子的另一头被陈老师牢牢握在手里。他站在游泳池边，像牵着一只小鸭子一样牵住我。那真是一幅奇特的画面。一边是我贴着池边学游泳，一边是国家队在跳台上训练。他们一落水，水池中央溅起的巨型浪花就凶猛地向我袭来，我每每都被惊吓到呛水，看我快沉下去了，陈老师才猛地拽我一下，把我的身子从水里拎起来。也不知道我囫囵喝下了多少老跳台水池中的"猛药"，才以勉强及格的水平过了游泳这一大难关。

冰雪项目被称为贵族运动，昂贵是它的特征，且不说它对场地、雪质、风向等的苛刻要求，光是购置专业装备就是一笔不菲的花销。我在空中翻转了20年，亲身体验了空中技巧技术装备从简陋到专业，从粗放到精细的过程，也见证了这项运动从摸着石头过河到日渐系统科学的过程。

由于家中经济条件有限，缺乏资金的支持，在训练的最初期阶段，我的空中技巧装备甚至谈不上专业。和体操训练完全不同，一件美观贴身的运动服就能解决问题，大不了两套换着穿；滑雪的装备实在太复杂了，太费钱了！雪板、雪鞋、雪服、护脸、手套、头盔、护目镜缺一不可，一整套装备下来，花费上万块只是最基本的配置。作为初来乍到的预备选手，这一切花销还得靠自己解决。

为了花小钱办大事，爸妈带着我直奔沈阳最著名的批发地五爱市场。略过琳琅满目的商品和流行时装，我冲进日用杂货铺。5元一条的围巾，1元一双的白手套，买上一大包，不过几十块钱，稍加缝制和改装，就成了我的护脸和手套。这些好不容易凑齐的装备，一用就是N个年头。

剩下的头盔、雪服怎么办？那时要买一件雪服，最便宜都要300多块。为了省钱，我就穿着小丽妈妈给我买的厚毛衣充当雪服，这当然不是长久的办法。最主要的来源得靠老队员们的"接济"。运气好，能分到姐姐们用剩下的。给绿色的，就穿绿色的；给红色的，就穿红色的。记得我有一套连体服，因为经常在雪上摔跤摩擦，太多次之后，裤子后面都起毛球了，后来还破了个洞，缝缝补补之后我还是舍不得扔掉，一直坚持使用到不能用为止。

如果这些还算是二级准备，那一级准备，一定是最重要的滑行工具——雪板和雪鞋。如果没有良好的运动工具来延展人的肢体，运动员在摩擦力极小的雪面上几乎寸步难行。彼时，资金补贴有限，只有国家队正式队员才有机会使用价值上千块，甚至上万块的新雪板，而我们日常训练时使用的雪板和脱离器，大多是从国外淘汰下来的二手货，或是滑雪景区更新换代后的残次品，有长有短，有好有坏，有新有旧。能用什么，纯凭运气。根据身高的适配度，女孩大多选取1.5米长度的雪板，男孩则大多是1.6米长度。但二手雪板长短参差不齐，很多是1.7米以上的。大家排队领雪板时，总是在猜谁能分配到合适长度的雪板，分到的人就是最幸运的人。

作为预备小队员，很长一段时间，我都没有穿到过合脚的雪鞋与雪板，更不懂滑得舒服是什么样的体验。抱着比自己还高出一截的雪板，我要爬上上百级高的跳台，脚下的"二手货"陈旧又沉重，我不仅要克服环境的偶然性，更要留意脚下的危险。

夏季训练强度大，水面对雪板的冲击也很剧烈，使用不了多久，雪板变脆折断十分常见，折损率相当高。一旦标准的雪板用完了，教练们就又该想办法了。没有条件就创造条件，教练们也在这个过程中，被迫练成了手艺精妙的工匠人。我经常看见陈老师和工人们一起比画，用电锯切割掉雪板前后多余的部分，这样1.7米的长板就缩短为标准长度。但问题是，雪板是中间厚两边薄，切割之后，整个雪板的重量、硬度和弹性分布全都变了，稳定性和安全性受到很大影响。可谁能顾得上挑剔，失衡的雪板照样往脚上穿戴，无论适合与否，都要接着练。

夏季训练结束后，冬季训练就要来了。依据往年降雪情况，一般在同年10月下旬启动，这意味着队伍就要前往雪场进行专项训练。一路向北，每一次雪季，都是雪上运动非常宝贵的操练时段。

2002年11月4日，是我人生中第一次踏入雪场的日子。当时，国家队在位于黑龙江省牡丹江市的双峰雪场进行冬季训练。双峰雪场隐匿于双峰林场的深处，冬季雪期长达约7个月，积雪最深处可以达到2米，是难得的天然雪场。

众所周知，冰雪运动员很多来自东北，这与东北籍运动员常年接触冰雪有关。但同样是东北籍运动员，彼此之间也有差异，因为大家来自东北不同的区域，比如黑龙江和辽宁，前者是寒温带与温带大陆性季风气候，后者是温带大陆性季风气候。说起黑龙江省，在2022年北京冬奥会闭幕式上，我的旗手拍档速滑运动员高亭宇就是黑龙江省伊春市人。在他老家，冬季平均气温都在零下20摄氏度，于他而言，日常生活就在冰面，大自然天然就是他的训练场，他也因此在七八岁就开始了滑冰生涯。这和我的鞍山真是截然不同，鞍山冬天平均气温零下4到8摄氏度。鞍山也下雪，但是在我练习空中技巧之前，从未听说过哪里有雪场，更没接触过雪场。滑雪，对于我来说，绝对是完全崭新的体验。

双峰雪场，需要火车转汽车，十几个小时才能抵达，说它是深山老林也不为过。一到冬天，这里几乎与世隔绝，宛如寒冬中的一座"冷山"。生于东北，看见雪并不是什么稀罕的事情，但那是我第一次知道，原来雪可以积攒如此之广之厚。脚一踩上去，整个人感觉要被雪吞没。天寒地冻，人烟荒凉，是我对双峰雪场的初印象。我必须凌晨五点半起床，六点钟出操。起床时，天还没有亮，深幽的天空，刺骨的寒风，苍茫寂静的山色，刚走出房门五米，我的耳朵和指尖冻了个透底，鼻子里和睫毛上瞬时都结上了冰霜。一个哈气，就能让眼前迷蒙起来，白茫茫仿若幻梦。

穿上雪鞋，扣上繁复的按扣，背着沉重的雪板，我跟着太阳一同攀上雪场。雪深坡陡，雪灌到鞋里，小脸被风吹得生疼。为了缓解寒意，我越爬越快；身体活动起来以后，感觉越来越热。沉浸在第一次登上雪山的兴奋之中，寒冷就被我彻底抛诸脑后。

等我爬上雪坡，太阳的微光也渐渐照映在了对面的群山之上。雪面折射之下，阳光变得更加闪耀。这时，我才真实地感受到，我脚底的触感已经从地面转移到了雪上。自己正身处在冰凌交错、银装素裹的冰雪世界之中。站在雪坡上远眺，远处是林海雪原，大地苍茫，我的灵魂有一种被震慑住的感觉。和空间有限的体操训练场馆不同，那是面对天地辽阔，才会产生的敬畏之情。

不远处，国家队的正式队员们已经在雪上跳台起飞，借助下滑的速度，他们克服身体的惯性，像一朵朵彩色的烟花，飞射到洁白无瑕的雪原画布之上。望着向空中翻腾的他们，我既仰望又羡慕，那是我第一次切身感受到自由式滑雪空中技巧的魅力。

我们在陈老师的引领下，慢慢去感受雪道，顺着小坡度的雪坡随意地向下滑去，去熟悉雪面的光滑和雪板的触感，迎接寒风的洗礼。紧贴着柔滑的雪面，我的脚下几乎没有感到什么阻力，速度越来越快，越来越快，我的心跳也在无限制地加速。还没等我反应过来，我已经失去平衡，"啪唧"摔倒在雪面上。

又厚又软的雪承接住我的身体，不太疼；又细又凉的雪灌进我的脖子，痒痒的。深呼吸一口，凛冽干净的气息冲进鼻腔，我猛地冲了个激灵。原来这就是滑雪的感觉，速度、激情、舒展、自由，实在太刺激！太好玩了！

趴在雪上，我不觉得狼狈，只觉得兴奋。自此，我的生命萌生了两种新的渴望：在雪上，或者回到雪上。

天天如何向上

沈阳体育学院竞技体校的校园里，有一处我最喜欢的地方。

不是水池跳台，不是训练场馆，也不是体能中心。而是一座楼，一座白色的教学楼，在里面，有我最喜爱的自习室。

在一般人的印象中，体育专业院校只重视专业训练，而不重视文化课的进修。事实上，无论是在我的体操练习阶段，还是空中技巧时期，学校都提供了学习的时间与场地。但竞技体育训练消耗大，不只需要强悍的身体机能，还需要专注的注意力随时判断周围的情况。对于我们这些小队员来说，每一次训练，都是体能与精力耗尽的过程，真的很难再提起精神上课，因此课堂总是成了补觉的场所。

在体育世界，文体不能共存成了一种默认的事实。但在我的成长轨迹里，偏偏实现了鱼和熊掌的兼得，靠的就是有效的时间管理方法。

运动员的生活其实相当规律，训练、吃饭、洗澡、换衣服、上文化课，有的时候困了，中间睡上十分钟，一切都可以做到有张有弛。为了不让自己乱了头绪，能够平衡训练与学习，我养成了记笔记、做表格的好习惯。按照表格，每一个时间段应该做什么，我都清晰有目标。毛主席说过："用百折不回的毅力，有计划地克服所有的困难。"一是毅力，二是计划。第二天上课需要的课本，第二天训练要换的新衣服，我都会在前一天晚上准备出来。在有限的一天时间里，明朗的计划帮助我高效地解决了许多问题，这种良好的习惯一直延续到现在。

我是一个生存危机感很强的人。多面发展的想法很小就在心里萌芽。一张桌子，下面的桌子腿越多，桌子就会越稳固。人也是一样，一个人能够依靠的优势越多，越能自信自如地在环境中生存。我对自己一直有一个要求，就是在未来退役或者转型的时候，不能除了体育这一条路，其他什么技能都不掌握。

早在体操练习时期，我就已经意识到，只有体育运动一项成绩是不可靠、不安全的。竞技体育赛制残酷，似在钢丝上行走，随时都有掉落的危险，哪怕你已经进入省级体操队。彼时，在辽宁省体操队，我自己的前途摇摇欲坠，为了自救，我主攻文化课。学校内设置了小学部奥星学校，招聘了许多优秀的教师。我总是一节不落地上完语文、数学、英语课程，班里当时有近五十个同学，基本上年纪都比我小，我不仅自己勤奋用功，还带动大家一起好好学习，天天向上。下课后，我找出一块小黑板，趁着休息时间，给小伙伴们讲解数学题。每周一、三、五，是我最喜欢的日子，因为我可以一箭三雕。白天训练结束，吃完饭，我带着课本从训练馆溜达到前院，走出学校门，正对着就是小超市。我家那阵刚安装上座机电话，下午六点，我准时给老徐和小丽拨上一通电话，聊聊一天发生了什么。然后用零食票兑换一个火箭大甜筒，边溜达边吃，到教学楼开始晚上的独自学习。

坚持多条腿走路，不断地保持学习，就是我应对外界的不确定性，增强自己风险抵抗力的最佳方式。是的，请别嘲笑我的未雨绸缪，在动荡中前行的竞技体育生涯，唯有优异的文化课成绩可以实实在在缓解我的不安。教学楼的书香气味，总是令我感到心神安定。出身寒门，我知道，唯有知识永远不会抛弃我。我喜欢记课堂笔记，在我的笔记本里，有数学课的代数推导公式、心理讲座分享的解压办法、营养师分享的调节饮食方式与步骤，我用最擅长的行楷，认真记录下不同知识的要点。掌握的越多，我的内心越加安定。我总是在帮助自己全面发展，多线并行，实现从"能武"到"能文"的全过程。

但要一直保持学习成绩优异，并没有那么容易。语文、数学、英语；填空题、选择题、阅读理解，这么多内容如何分配精力？在一个特定的需求下，我喜欢去寻找最优的解决方法。于我，最有效的办法，就是归纳整理自制卷。我总结与分析的能力，也是从这个时候开始养成的。我还有一个专属的错题本。我渐渐发现，试错、总结是使得一切事情进步最快、最有效的办法。上晚自习时，我会率先把错题按照考题类型分门别类整理出来。每一个题型都独立成块，复习时就能一眼辨别，对于错误的地方也能反复强化，直到改正。

文化课中，我最重视的也一以贯之学习的，便是英语课。老徐的眼光一点不输给年轻人，很小的时候，他就告诉我，未来年轻人要学会三样——开车、电脑和英语。前两者我还没有条件接触，英语的学习就排在我心中第一的位置。

英语讲求童子功，但我不喜欢刻板地照搬书本，死记硬背课文与单词，靠题海战术取胜，我偏重语言的应用性，重视实践，喜欢用对话的方式来学习英语，把它们都变成我熟悉的日常口语。当时没有良好的语言环境，要让自己的英语保持持续的进步，需要更多的方法。亏了我的大嗓门儿和大大咧咧的性格，让我无意间领悟了语言学习的关键，就是大方说出来。每到上英语课的时候，我就厚着脸皮主动跟英语老师交流，用刚记下来的英语短句聊上两句。

我也找到了最适合自己的学习办法，每天背诵三句话。例如，"我要怎么去图书馆？"我就说"How can I go to the library？"library 作为可替换的名词，可以延展出其他的表述。我储备了不少常用句式，就像是锦囊一般，随取随用。等到后来，队伍中引入外籍教练，还有无数次出国比赛的经历，我的英语都发挥了重要作用，当然这都是后话了。

体操阶段的修炼，虽然一波三折，但是我对文化课的重视从一而终。沈阳市十佳少年、沈阳市三好学生，一大堆证书摆满了我家的小屋。小升初考试时，我还获得了沈阳市统考第四名的好成绩。校门口拉起一条宽大的横幅，远远就能看清上面写着几个大字："祝贺我校学生徐梦桃获得市统考第四名的优异成绩"。优异的学习成绩带来的满足感，一点儿不逊于省运会上拿的三块体操金牌。

到了沈阳体院竞技体校，我天天向上的学习故事还在继续。我的文化课成绩依然优异，每次科目测试都是年级第一名。训练再怎么辛苦，我照旧每天背着书包，装上课本去教学楼坚持自习，寒来暑往从不迟到。为此，我还得到了陈洪斌老师的"高度"评价：徐梦桃，是一个在哪里都不服输的"狠角色"。

文化课学习，给我带来的快感来自做题的快乐。我很喜欢做题，它是我在高强度训练之间，大脑的一次换气；我也喜欢解题，它是一次对我所学知识的运用，一种深层次的理解；我还喜欢破解错题，它意味着我的知识体系有所缺漏，提醒我去解决潜在的问题。这是我自认的一个优点，也是我分析自己能成为常胜将军的一个原因。

如何在运动与学习中保持长期优秀，我总结了三个词语：自律、计划、反思。学习是培养自己思考能力的过程，而不是一个单独存在的行为。我从学习文化课中习得的良好习惯，都可以迁移运用到我的训练和比赛之中。自律，帮助我有条不紊地进步；计划，帮助我平衡高强度的训练；反思，帮助我在动作细节上处理得更好。运动与学习不是割裂的，实则相辅相成，体育路上的坚持与韧劲与在学习中的探索上进共享一样的精神。

2002年11月20日，在双峰滑雪场的第16天，我意外地完成了自由式滑雪空中技巧的第一跳。从助滑区起滑时，我还不知道起跳角度这回事，"啊——"我直棍似的飞起，在空中一顿胡乱蹬腿，结果直直落在了平台上，根本没能滑出去。第二次尝试，才成功地直体着陆，但落地的时候，我的腿都是僵直的，歪打正着从着陆坡滑了下去。

这一跳，是我空中技巧职业生涯的首跳，它以一种非常规的路径完成。之所以说它非常规，是因为我并没有按部就班先在水上完成，而是直接在雪上完成。雪上练习了16天，就直接上了跳台，背后的原因有两个：体操训练为我打下了动作基础；关键时刻我真的敢拼。

有了第一次打破认知，成功率就会越来越高，我很快就开始了一周台的进阶。一周台要在空中翻转360°，是入门级难度。刚开始接触空中技巧的运动员，平均需要练习两年左右的时间，才能安全地登上最低级别的一周台。虽然伙伴们都有着技巧运动的背景，但要想完美地完成动作，依旧是很难想象的事情。

我告诉自己说："徐梦桃，你感觉简单的事情，大家也感觉简单，你感觉困难的事情，大家也都感觉困难。但谁能在最难的时候，率先做出动作，谁就掌握了门道，未来就更有机会拿冠军。"我沉下心，将自己学习功课的方法，融会贯通之后，有技巧地迁移到一周台训练上。

首先，观看技术录像，反复观察和总结动作形态，在笔记本上勾画成熟运动员的起跳位置和动作姿势，标注身体发力的主要位置。第二，训练时，专心致志，心无旁骛。听教练分析要领，记住教练强调的肌肉变化。第三，结合模仿体会，我喜欢对着落地镜子做模仿动作，同时将动作以影像化方式思考：这个身体到底怎么能翻过来？是这一部分的肌肉需要发力吗？哪一部分的肌肉控制还需要加强？第四，每一次站上跳台，都不要害怕，要不断地去尝试，失败了才有成功的可能。

一周台第一跳实践当日，大家都心里没底，十分害怕。"谁想先上？"陈老师问了好几遍，都没有一个人敢应话。"老贾，你先上。"老贾就是贾宗洋，我们是同批入选的小孩。他一向胆子大，所以就连陈老师都称呼他"老贾"。他闷头跳了下去，脑袋一下扎进雪里，把我吓了一跳。越等待越害怕，不等了，我决心第二个上。闭上眼，纵身一跃，这一次，我连空中动作都没能完成，但落地时居然站住了。陈老师认可地点点头，仿佛在说"这孩子有戏"，给了我很大的信心。

2003年，60多个小孩从一条起跑线起飞，我通过刻苦有效的训练，很快就脱颖而出，不到一年时间，13岁的我就获得了全国青年锦标赛第一名，是当时队伍里动作完成度最出色的小运动员。我很快就成为陈老师重点培养的对象。

做一名能力强悍的运动员，当一名勤于学习的优等生，是我双线并行的人生轨迹。在沈阳体育学院完成大学学业之后，我又进入北京体育大学深造，从硕士生一路进阶到博士生，在学习的道路上步履永不停。2022年北京冬奥会之后，网友们的一条评论登上热门："徐梦桃真牛，在北体读博士的间隙，还顺便拿了个冬奥会冠军。"这个"顺便"太随便，少有人知道，文武双全的道路我其实默默坚持了26年。

一次收拾旧时物品，我翻出了一本尘封的深棕色软皮笔记本，红色印戳还清晰可见。这是2004年在一次作业评比中获得一等奖的奖品，由沈阳体育学院竞技体校教导处颁发。

翻开这本笔记本，我数年的训练与学习记忆也随之启封。如同一次命运前奏的预响，洁白的扉页上，一张"FREESTYLE SKIING AERIALS（自由式滑雪空中技巧）"的彩色贴纸旁，我曾用蓝色签字笔率真地写下了这样一句话——

"I like skiing！"

跟班与领班

老徐曾评价我，从小就是个"官迷"。

事实也确实如此，从鞍山、长春到沈阳，我一直有"官职"在身：班长、队长、大队长。我清楚他的"官迷"指的不是我有多少爆棚的权力欲，而是我从小就展现出一种"管理好自己，也能管理好他人"的潜力。

在沈阳体育学院竞技体校，我的领导力，是从做一名国家队后面的小跟班开始练起的。

作为国家队主教练，陈老师的首要任务是保证国家队正式队员的训练，其次才会考虑我们这一批预备队员。时间有限，他只能抽出空闲时段来指导我们滑雪。可项目刚开始，正好是打基础的时候，未来要和专业队竞争，训练的时长不能少。为了不落下进度，陈老师只好见缝插针。我就是在"垃圾时间"里训练长大的小运动员。

什么是"垃圾时间"？就是国家队休息的时间。这个时间，就是我们预备队员的训练时间。

国家队 8：00 开始训练，那我们的训练时间就是 5：30—7：30；

国家队 13：00 午睡休息，那我们的跳水时间就是 12：30—14：00；

国家队 16：00 下午体能训练结束，我们赶着 16：30 集合，训练到 18：00。

我一天的日程表是这样的：

前一天晚上把早饭领好，装在小塑料袋里。第二天凌晨五点起床，开一盏昏暗的小台灯，开始喝牛奶、吃鸡蛋、吃香肠、吃面包，把自己喂得饱饱的。早操先进行准备运动，第一件事就是跑步、慢跑、快跑、变速跑，短跑完开始压腿，紧接着中长跑，每天不少于五公里。接下来是速度和力量练习，背肌、腹肌、腿部，借助训练工具，增强上下肢力量。一顿室外练习结束之后，我们就前往蹦床馆模仿起跳动作。练到 7：30 左右就得结束，因为国家队要来了。

7：30 下课以后，我们飞快奔去食堂，再补充一点食物，10 分钟后，回宿舍换一身衣服，一个早上的训练，足够湿掉一套衣服了。我坐在床上休息喘口气，就要赶去教学楼，踩着 8 点钟准时响起的上课铃，坐进教室，开始文化课的学习。扛不住了，就在课间打个盹。

上完课，去食堂吃午饭，饭后，正好是血糖飙升，大脑"宕机"的时刻。我用冷水冲个脸，换衣服去水池集合，开始跳水练习，有时候困到不行，都不记得自己是怎么滑下去的，全凭着肌肉的本能记忆。

等到周末或者寒暑假，国家队休整，我们可以按照专业队的时间表安排训练。周日，陈老师带我们练习跳水，工人休息了，没有人帮忙打肥皂水，这个工作就落在我们自己身上。对好肥皂泡，用脸盆往台子上浇，浇湿之后再继续滑。

冬季训练，是队伍最辛苦的时候，雪期有限，因此训练得加倍。陈老师有时候带我们两天，有时候又没空管我们，就把我们托管给新晋的师哥教练。我已经习惯了资源分配有限的状态，尽量不因为外界的变动，影响自己的进度。教练员安排训练的时候，我就按照训练计划执行；教练员没安排训练计划的时候，我就自己规划起来，定一个当日训练的小目标。比如，今天要"飞包"10 趟（飞包就是从着陆坡的小雪坡放速，不用翻跟头，以垂直直体的方式专门练习落地的感觉），自由滑需要完成5趟动作。每天只要完成一个具体的计划，我都会感觉过得特别有意义。

滑雪容易摔伤，更何况是空中技巧。我也逐渐领悟到，飞向天空本身并不危险，真正的危险在于如何落地。在空中技巧这样极度危险的腾空项目里，落地摔倒显然是一种需要训练的技能，在起跳不好或者动作失败的情况下，学会摔倒，才能够保护自己不受重伤。陈老师作为启蒙教练，最为明白这个道理。陈老师在雪上教会我们的第一件事儿，就是关于如何摔倒。

上雪前，陈老师总是反复叮嘱我们："先保护自己，摔的时候别挣扎，挣扎容易受伤。"如果落地向下滑的过程中，感觉脚被雪滞住了或者没能站稳，为了防止骨折或韧带拉伤，教练们发明了一种方法，叫作"放片"。每当我落地姿势不标准，陈老师都会大喊："放片！"，我就迅速张开身体，四肢放松，向侧面倒去。这样的姿势，可以加大在雪地上的摩擦面积，缓冲速度；有时候甚至已经落地滑行了一半，为了保护自己，也会刻意将身体摔出去。

这种重视保护自己，刻意摔倒的方式，是中国自由式滑雪空中技巧队伍的一大特色，也直接影响了我日后的比赛风格。作为一个听话的好学生，在徐梦桃的字典里，从那往后，除了站住，就是摔倒。一直到我久经国际赛事，观摩了无数技术录像，琢磨了竞争对手的得分要领，才发现，原来在站立和摔倒之间，还存在一个模糊的缓冲地带，它有一个很形象化的通俗说法——"埋汰站"。意思就是在着陆坡落地时，如果双腿没站稳屈身，可以用手摸一下地，或者依靠后背用力，靠反作用力从雪面上站起来。但这些模棱两可的技巧，由于没有精力专门训练，我一直没能精准掌握。

我能理解陈老师的良苦用心，空中技巧的运动风险极高，许多哥哥姐姐们都带着严重的伤痛遗憾退役。对于陪伴运动员一步一步成长起来的教练，他了解每个人身后所付出的疼痛与泪水。当自己亲手培养起来的队员，因为缺乏保护自己的经验，而和"钢钉、粉碎性骨折、半月板撕裂、交叉韧带断裂"这些伤痛纠缠难分之时，陈老师内心的自责一定比任何人都强烈，这种痛心自然演化成了他极度"保护"我们的那一面。

空中技巧的训练十分系统，我很快就适应了这样的集体生活。我性格活泼，总是队伍里活跃气氛的主力选手，又爱唱歌编舞，同时也是训练最为刻苦的小孩。陈老师了解我的性格，知道我早熟懂事、责任心强，很快，我就被他任命为他的助理小教练。当他带领国家队比赛，或者外出开会不在队伍的时间里，由我以小领班的方式帮助他分担一部分日常工作。

在带班过程中，我严格遵循陈老师制定的教学任务。陈老师交给我一份他手写的纸质表格，每天我就揣着这张纸，带着小队员们执行训练，至今我都还保留着这份字迹都已模糊的计划表。早晨起床，我会提前五分钟抵达训练场地，做一做准备活动，醒醒神，以最好的状态开启一天。队伍集合完毕，我整理队形进行跑操。我的腿部力量从小就强，一直是队伍里跑得最快的。其他小伙伴跑一道，我跑九道。等身体都活动起来，就可以开始雪上练习了。上雪之前，我们会"飞包"，借助雪坡的角度，依靠惯性滑出去。其余时间，我带大家继续练习摔倒。我也会拓展思路，观察其他队伍的人怎么滑，怎么摔，再找个松软绵厚的着陆处，带着大家一起完成实地感受。

　　一个小领班，人微言轻，队伍里都是十二三岁的小皮孩，不会轻易服我管的。我能拿出的撒手锏，就是给陈老师打电话。队员看我一消失，就在背后议论："徐梦桃是不是又去给陈老师告状了？"其实我根本没去打电话，就自己找了个空地坐会儿。这个办法挺好使，他们也害怕，我回来后就能乖乖训练了。

　　假借陈老师"虎威"的同时，我也会采取柔性的方式与小伙伴们相处，这是我一贯的优势和长处。从跟班到领班，我的组织和管理能力不断得到锻炼。我享受和大家一起训练的感觉，喜欢和队友在一起打闹的轻松和快乐，更喜欢和队友们互相关照，共同提升训练成绩的成就感和自豪感。由此，在我们这个小小的队伍里渐渐形成了一种专业的氛围、自律的氛围，前者是尊重强者，后者是尊重规则，这一切变化，让我这个小"官迷"很是骄傲。

　　上雪不到两年时间，我就开启了两周台的征战。空中技巧顾名思义，是发生在空中的翻转活动，身体空间感的建立非常重要。虽然我的体操成绩并不那么出色，但是我的基本功非常扎实。长达7年的体操专业训练，在我的身体里留下了强大的肌肉记忆，体操长期的踺子小翻，从360°到720°的空中转体，训练了我良好的空中动作的方位感，让我的动作能直接运用于雪上实践，加强了我在空中直体翻转的能力。

　　两周台是当时女运动员参与国内外赛事主要运用的难度动作。当时，队里有一个激励政策，获得一个全国冠军就能减免伙食费。滑雪运动对每一个普通家庭出身的小孩，都是一项开支巨大的运动，日常刻苦的训练之外，我每日盘算最多的就是如何能够省钱，哪怕能够省去每月300多块的伙食费，也是帮助爸妈减轻了一些负担。所以，获得全国冠军，成了我一个最新梦想，苦练两周台也成为我需要攻克的最近目标。

两周台高度为3.6米，台面第一米角度为65°，从助滑坡加速之后，身体能够从跳台上飞起六七层楼那么高。还记得第一次上两周台时，前面的队友，不是没有站稳，就是翻转度数不足，接连趴在了雪上。轮到我时，我也难免有些打怵，只有一个信念：别"卡"了。

对我来说，空中技巧最重要的就是起跳，如果起跳好，身体状态就会非常稳定。只有在稳定起跳的情况下，空中完成动作的感觉才标准，不会横一个、纵一个。在翻转的过程中，有时候我是睁着眼睛翻的，能够看到周围的环境，有参照。有时也会闭上眼睛翻，就全凭每周翻的节点和身体感觉。我最不怕的就是动作失败，即使失败，我也能够很快重新开始，获得正确的身体体验。

随着对空中技巧的深入了解，我也开始纯熟地理解和使用项目里的专业术语。过去参赛表格里看似神秘的动作代码，逐渐在心中明晰起来。

以三周台动作bLTF为例，代码开头b，英文全称Back，意思是向后，代表身体翻腾的方向。接续的每一个字母，则对应着每周动作的详细内容。L，英文全称Lay，代表直体翻腾1周；T，英文全称Tuck，代表团身翻腾1周；F，英文全称Full，代表直体翻腾1周同时转体360°。

从登上两周台开始，我接触的动作代码就从两个字母组合，进阶成了三个乃至四个字母的组合。每新打卡一枚代码，就意味着我又尝试了一个新的难度动作，这让我体验到了一种集邮般的乐趣。同批训练的伙伴之中，我成了上难度最快的一名女运动员，被大家戏称为"雪上拼命三郎"。

课后的训练复盘中，我给自己开辟了一则日记专栏，起名"心情日记"，记录下我在训练期间的种种小事，每天为自己的心情打星。这也是我日后疏解内心压力、自我对话的原初形态。

2004 年 11 月 22 日 心情日记 心情指数 ★★

今天，我们又打板套，又收拾东西，但最后却得到一个很让人伤心的结果——不让上山了。

俗话说：希望越大，失望越大。真希望马上就下雪，那样就会早点上山了！下吧！下吧！可爱的雪花！

望自己：每天 Good 心情，永远都 Happy！笑吧！

2005 年 1 月 11 日 心情日记 心情指数 ★★★

今天，我们来到了白清寨滑雪场，条件并不像想象中那么完美。台子也没有修好，马上就要比赛了，动作还没有稳定，虽然很着急，但我有信心。

一定会成功！Come on!

成功的确很快就到来了。这份成功离不开吴志海教练的调教，在陈老师带领我一段时间之后，吴教练也参与指导了我的训练。作为曾经的体操教练，吴老师很懂得我的优势所在，特别鼓励我将体操动作与空中技巧运动相结合去练习好专项。在他的带领下，未满 15 岁的我，首次尝到了全国冠军的滋味。

2005 年，我从青年组脱颖而出，获得参加自由式滑雪空中技巧全国冠军赛的资格。比赛中，我开始使用两周台动作，要知道，2005 年左右，我的两周台动作在雪上训练过程中，总共加起来还没跳到 10 次，但我就是跳了，而且成功了。我的这种"艺不高人也胆大"的风格也延续到我的很多比赛中。

未满 15 岁的我，为何能参加成年组比赛，其中还有一段插曲。作为青年组选手，想要进一步参加成年组比赛，必须拿到前一年全国青年赛的前三名。

2004年，全国青年赛在长春举行。彼时，我的装备十分简陋，都是从五爱市场购置的奇异混搭，全凭着一腔热血和年轻气盛，就敢在无边的雪场里横冲直撞。皑皑白雪反射着的阳光尤为刺眼，没有护目镜，我时常因为反光看不清前方，好在因为小小的幸运，没有出现什么危险情况。

开赛在即，在一次赛前训练中，我从助滑坡起跳之后，腾空速度太快，落地缓冲没有处理好，跌到着陆坡时，我的腿朝上，脸朝下，膝盖骨直接磕到眼眶。我顿时感觉眼冒金星，在剧烈震荡的刺激下，身体产生了恶心想吐的反应。"我不会就要瞎了吧？"我立马抓起身边的雪块，往眼睛上一阵冰敷。

去医务室检查，做完视力测试，拍完眼球CT，医生告知我：问题不大，眼球撞击充血，滴药缓解加休息即可。看到我的眼睛周围一圈肿得吓人，吴志海教练很是担心，劝我说："徐梦桃，咱们还是退赛吧，也不着急这一次。"

"我没事。医生都说没有大碍。"我的回答不容置疑。

全国青年赛当天，我带着肿胀的青紫眼眶，以戏谑的"独眼侠"造型现身赛场，仅靠着一只眼睛，我仍拿到了第二名的成绩，赢得了首次进入成年组比赛的资格券。

这一枚近乎"成人礼"的小奖牌，已经以一种切身的危险姿态，向我昭示了空中技巧运动潜在的巨大风险性。但在当时，青春年少的自己，对于受伤这件事，还真的以为只是一件小事而已。

Chapter III

第三章

直视深渊

直视深渊，练习翻转

纵轴为翻，横轴为转

雪山之上，风云突变

三周台上，兀自奔突

起飞阿尔卑斯山

对于中国冰雪运动，2006年是划时代的一年。于我，亦是腾飞的起点。

2006年都灵冬季奥运会上，空中技巧的女队与男队都延续并创造了历史上的最好成绩。师姐李妮娜以稳克难，凭借197.39分的两周台动作获得银牌。师哥韩晓鹏以250.77的得分，战胜了强劲的白俄罗斯选手达新斯基，夺得冠军。这不仅是中国空中技巧队在冬奥会获得的第一枚金牌，也是中国运动员在冬奥会雪上项目中获得的第一枚金牌。这枚奥运金牌含金量十足，光芒璀璨，不仅令世界瞩目，更振奋了当时整个空中技巧队伍，激励了诸如我这样的后辈选手。

在冠军奖牌的鼓舞与激发之下，空中技巧队伍被寄予更多"争金夺银"的期待。作为后起之秀，我给自己定下的"进军第一梯队，征战国际赛场"的目标也在加速推进中。在有限的时间，做最多的事情，一直是我的人生格言。如果能在16岁取得的荣耀，我不希望26岁再来完成。我所期待的人生，不是默默无闻熬成一枚"老江湖"，更不要烂俗的咸鱼翻身的"逆袭"故事。16岁的我只想对世界骄傲地呼喊：我，徐梦桃，就是那颗闪闪发光的未来之星。

从沈阳走向世界，我的未来，到底还差着一个"国家"身份。

2006年10月初，夏季训练告一段落。水池赛作为夏季专项成果的展现，一直是优秀队员的筛选方式之一，这一次，我夺得女子成年组冠军，齐广璞夺得男子成年组冠军。赛后，队里传来一则意外的喜讯，本次男子成年组和女子成年组的冠军，根据教练组考核，具备进入国家青年队的资格，将去瑞士进行半个月的水池专项训练。

我十分惊喜，这就像刚许下心愿，礼物转眼就送到了家门口。同批有四男四女入选国青队，我是年纪最小的一个。大家都是第一次出国训练，对瑞士的生活充满了想象。但我的瑞士之行，还真没太深印象，因为半个月的训练时间十分紧张，我们的活动范围就是水池与宿舍间的两点一线。

出发前，我了解到，按照训练计划，国青队的部分成员预计在瑞士开出第一个水上三周台，我也是其中之一。水池三周跳台使用的是反 U 形高台，长长的助滑甬道下方就是跳台，从跳台起飞，翻转的运动员会落入下方 5 米左右深的水池。为了缓解急速下落的冲击力，水池中央会不断制造水流和气泡，用来承接运动员的身体。从远处看上去，水池中央像是一个巨大的螺旋漩涡。

我穿着紧身的潜水服，扛着雪板，攀上上百级高台，蹬着夏季特制的训练雪板停留在塑料滑道的出发区。虽然我已经掌握了两周台的所有难度，但要在三周台起跳，还是第一次。为了熟悉场地，我每天都去观察跳台，努力排除每一个可能出现的微小问题。

"当你凝视深渊的时候，深渊也在凝视你。"

正如哲学家尼采所描述的感受，即使知道我跃入水池之中，有缓冲气泡可以承接我，但从助滑区的顶端向下看，幽绿晦暗的池水，折射着闪烁的光点，好似深不见底。比起雪面的直白，水面的莫测，更让我觉得恐惧。

从两周台攀升三周台，不仅是身体飞跃高度的翻倍，更是危险系数的几何裂变。设想一个人以时速66千米的速度，从18米的高空飞跃落下，其惨烈的结果，都能够登上社会新闻头版头条。这个时候，队友再吓唬我一下，说瑞士容易起大风，滑不稳容易飞出去等等，恐惧会再一次将我推上高点。

本以为我已经足够胆大，但我的"勇气"在面对"深渊"之时，好似都变得单薄起来。可别无他法，这是三周台选手必须同时克服的心理难关和技术难关。

彼时，我还远不懂人类心理的幽深复杂，只知道自己需要寻求解决办法，来增强内心的承受力。我翻阅过往的笔记本，找到北京体育大学心理学张力为教授一次关于运动员赛前心理的讲座，我试图在"谜团""范围""现象"等意味不明的词汇中，找到能为我所用的内容，却只找到记录下的一句话："比赛前最重要的是自信。"这句话看似简单，但真正实践起来却是难上加难。

要怎么才能自信起来？又有什么凭据可以依照呢？

我又在行李包里试图翻找别的解药和秘方。翻了一圈，找到了一本从鞍山家里带来的书。我想起来，离开中国之前，老徐花了30多元在新华书店给我买了这本《哈佛家训》，据说是一本关于社会精英成长的励志图书。老徐说："桃桃，爸爸妈妈没办法陪在你身边，这本书很好，你没事翻一翻，就当是爸爸在给你讲道理了。"这本书以人物故事加编者总结的形式，每一个小节都通过深入浅出的小故事，传递出一个简洁而深刻的人生道理，这种生动又高效的论证方式，竟然真的对我产生了很好的效果。

每天我都认认真真地读完一篇小故事，把书里的总结和我人生现在遇到的问题结合在一起疏导自己。那时训练非常辛苦，队伍里竞争也很激烈，"三周台"又成了我内心一个尚未跨越的难关，夜里睡不着，我就从床上坐起来，开一盏小灯，再读上一会儿书。书里写：如果说这世上有"点石成金术"的话，那就是"艰辛"。你忍耐着，坚持着，当走完黑暗与苦难的隧道之后，就会惊讶地发现，平凡如沙子的你，不知不觉中已长成了一颗珍珠。想一想，自己不也正是在黑暗的隧道里，需要很多的坚持和忍耐吗？第二天出发去水池之前，我又随手翻上一篇小故事，故事结尾的编者按写道：一直坚持到最后的人才知道，世界上没有"不可能"。伟人和凡人的不同，只是在于能否坚持到最后而已。想到自己又将面对站上跳台的不安，觉得这或许就是通往不凡的代价吧，没有什么"不可能"完成的！加油徐梦桃！书里的话又让我再一次重拾勇气。

《哈佛家训》的指点迷津，吻合了当时我对"通往成功"的急切渴望。在我心智尚未成熟的青春时代，这些充满励志色彩的心灵鸡汤为我描绘了理想人生的模样，也增添了我面对困境的勇气。我想，原来成功的人是这样度过自己的一生啊。此时，小梦桃也正在通向冠军的道路上。我告诉自己：咬牙顶下来，做好自己，一定会拨云见日，胜利就在不远处！

第一次水池三周台，我成了第一个"吃螃蟹"的人。就连男队员都没有替我开一个头。凭着一腔孤勇和励志金句的加持，我向云端腾空而起。彼时还没有专业的陆上蹦极训练，三周台比两周台更高，起跳速度比两周台更快，在天空翻转的数秒间，我身体的空间感受实际是靠想象的概念完成的。稳稳落入水中那一刻，恐惧与爽感并驰，肾上腺素飙升，多巴胺猛烈分泌，令我嗨到极点。

不过飞得越高，着实也摔得越惨，我的起跳速度有些慢，落水时，身体歪斜着撞进气泡里，四周喷涌的水流瞬时包裹了我，嘴里突然蔓延开一阵浓烈的血腥味。"完了"，我心想，"不会摔吐血了吧？"我着急地从水池游上来，发现原来是头盔把我的脸压得太紧，加上水力的强大冲击，牙齿磕破了口腔一侧。

三周台，从我试练的一开始，就充满了不加修饰的血色记忆。有了第一次成功实践，"上难度"就和我的空技生涯开始了纠缠不休的过程。很快，我就让世界范围的空中技巧人刷新了对我的印象。26天的时间，仅跳过21次水池三周台，我就把当时世界女子第二难度跳了出来。就连瑞士的本土教练都对我刮目相看。

从那时起，我也发现了自己的一个"特异功能"，那就是在任何条件下，我最终都能说服自己，安慰自己，鼓励自己。勇敢、坚毅、坚韧的小桃子，是我内心理想自我的另一面。无论中途我是任性也好，是恐惧也好，是想放弃也好，我的终点和目标始终锚定在那，潜意识里那个最清醒最坚强的小桃子，永远都会帮助我，指引着我前进的方向。

回国后，2006—2007赛季自由式滑雪空中技巧世界杯战幕拉开。自由式滑雪世界杯，属于国际雪联A级赛事，以分站赛的方式举行，与奥运会这样世界规模最大的综合性运动会不同，世界杯比赛是世界上年轻选手们展现实力、历练经验的一条路径。运动员积分排名代表着国家队伍的实力序列。我的世界杯征途第一枪，就在吉林省北大壶滑雪场正式打响。2006年12月，吉林省北大壶承办了两站世界杯自由式滑雪空中技巧分站赛。仅在第二站，我就从第一站的第七名上升至第三名，以两周台动作摘得铜牌。世界级比赛上，我第一次收获奖牌。

而后，我越战越勇，在2个月之后的亚冬会北大壶赛场上，再次斩获一枚银牌，此时我还未满17岁。为了奖励我的努力和争气，老徐和小丽特别提出要赠送一个礼物给我，我说出了一个有点奢侈的想法："那就买一台数码相机吧。"

为什么要花这么多钱买数码相机？原因是亚冬会结束后，我就要启程前往瑞士。当时，以师姐李妮娜为首的国家队队员正在备战世界锦标赛，而我在陈老师的指导下，作为国青队队员，要备战在瑞士举行的世界青年锦标赛。首次出国比赛，我想用自己的相机记录下赛场上的一切。

2007年3月14日，我从北京首都机场飞往瑞士苏黎世机场，这是一次将近12个小时的飞行，6小时的时差我好一阵才适应。根据赛事安排，世界青年锦标赛的赛场设置在著名的阿尔卑斯山脉，比赛时间是14日—20日，但我的参赛项目，自由式滑雪空中技巧，具体哪一天开赛还是个未知数。

和比赛时间的未知一样，我对自己在此站能否收获奖牌也是纯然未知的。第一次出国比赛难免会有压力，我也明白这种压力源于对陌生环境的不了解，但我对自己的实力还是有信心的。出发前，我就下定决心，无论遇到什么困难，我都会尽力表现自己，既然是重要比赛，就要抓住锻炼自己的机会。

抵达阿尔卑斯山脉脚下，我被白雪笼罩的巍峨山脉震慑了灵魂。阿尔卑斯山脉是欧洲最高的山脉，从中欧平原一路向南，在苍茫的天际下，几百座雪峰横亘绵延，极有气势地拔地而起，错落有致。阳光的照射下，雪融化了一小部分，山脊露出黑色的岩石肌理，雪山半山间远远看去云雾袅袅，看似温柔又不可征服。

想起自己喜爱吃的阿尔卑斯奶糖，展开糖纸，在蓝白色绵延的雪山前面，有一座白色红顶的城堡。以一个比赛者的身份，真正来到它的面前，没有那么多的童话梦幻场景，感受到的是一出与名次相关的现实剧目。正如法国作家雨果所描述那般："迄今为止，你仅仅看到阿尔卑斯山，如今你开始感受到它了。"我攀越着神话里的巨人之族才能跨越的阿尔卑斯山脉，也将在这里开启自己第一场重大的国际赛事。

阿尔卑斯山真美！可我也不赖！

这一次来到瑞士，我再一次刷新了自己的认知。"滑雪"项目，在国内场景和国外场景下，有着本质的区别。对于我们来说，滑雪是一项为国家争夺荣誉的竞技运动；但对于生长在雪山之巅的一些外国选手，滑雪场十分常见易得，某种程度上，滑雪之于他们，如同乒乓球之于我们，是一种融入生活的运动方式。

阿尔卑斯山实在太漂亮了，但越是自然，也越是原生，赛场条件也越有些简陋。出国前，我就了解到瑞士的比赛场地不是太好，为此做了很多准备，但没想到到了现场，比想象中还差了很多：跳台角度没有那么精准，着陆坡的雪质也并不松软，甚至有一些起伏颠簸的地方。对于我这样从小在教练的悉心照料下成长的中国选手，实在有些不适应，心里也一下子没了底。为了和新场地尽快磨合，我在雪上滑行了很长一段距离，但不小心就在雪山上迷了路，一块又一块的大雪坡遮挡住视线，我也看不清索道的位置，等我找回方向回到初始点，竟然用了两个小时。

除了场地的不习惯，比赛时间也让我意外。在国内，我们通常都是白天训练和比赛，在瑞士，我第一次经历夜场赛事，这更是对自己的一种挑战。比赛当晚，气温偏高，雪场的雪缓慢融化，雪质明显有些黏腻，天空中还飘着小雨。所有我没经历过的一切，全在这一站发生了。还没进入决赛，就有两个外国选手严重摔伤，被直升机直接拉走，一时间气氛紧张起来。

轮到我上场了。站在助滑坡，我还在紧张地想，教练这么信任我，让我参加这次比赛，如果比不好，那可怎么办啊？怎么向教练和关心自己的人交代？可转念又安慰自己，反正已经站在跳台上了，就豁出去了。只要不出现失误，正常发挥自己的水平就行。我告诉自己，只要能稳稳站住，应该就能拿冠军。

虽然赛前我重点专攻了三周台动作，但参加本届世青赛，我仍以自己最有把握的两周台动作出场,两跳难度系数都为3.525,即向后直体翻腾1周转体360°,接直体翻腾1周转体720°,这在青年组比赛中,已经是数一数二的难度。两跳,我都完美地站住了,总分排名第一。

国际雪联的官员向陈老师竖起大拇指,说:"陈,新队员,干得漂亮。"

陈老师过来拥抱我,笑着说:"徐梦桃,不错!知道你越到大赛越容易发挥,是个'人来疯'!"

对于这一次成绩,我自己也非常满意,每一次站稳都是实力与运气的双重加持,尤其是在瑞士夜场比赛中能够站稳,让年轻的自己开始积累和提升在国际赛场上的经验。

爸妈给买的数码相机真的起到了大作用,我的整个赛程都被同事代为记录,并作为珍贵的资料存储其中。我知道自己的技术动作还处于稚嫩的阶段,我也要像陈老师那样,通过回看录像资料去进一步发现自己的问题,研究自己的动作在哪些方面还有不足,争取以更快的速度再上一个台阶。

世青赛的颁奖典礼设在雪场缓坡的小广场上,赛事组搭建了一个如同小舞台般的蓝色领奖台,周围旗帜飘扬,背景板上贴满了选手的比赛照片。观众就站在几米外,挥舞着不同国家的国旗,呼喊着心爱选手的名字。

当广播喊出"Xu Mengtao, China"时,我激动地奔向冠军领奖台,举起雪板和花束,开心地朝着台下的观众挥舞。

在阿尔卑斯的重峦叠嶂之间,我赢得了风雪淘尽之后的第一枚世界级金牌。我飞跃向空中,化身为一颗闪亮的新星,在国际舞台上冉冉升起,也让更多人认识了"徐梦桃"这个名字。那个夜晚,是我第一次在国外赛场上,听到中华人民共和国国歌因自己的胜利而奏响,所有人都为我,为我的祖国行注目礼。

世青赛的奖牌是一枚精致的小雪花。望着这片金色的雪花,我想,这一刻,才是我空中技巧崭新的开始!未来还会有无数次这样的机会,这种感觉实在太好了!

我激动万分,但也硬是没掉下眼泪。

折翼阿尔山

从水上三周台到雪上三周台,当我开启"难度王"的竞技生涯,三周台并没有那么顺利地成为我手中的王牌。它的巨大风险使我遭受了首次病痛,甚至,差点成为国家队的出局者。

2006年年底,在国际雪联举行滑雪运动员新人奖评选中,我荣膺世界新人奖,也是当年唯一获此殊荣的中国运动员。2007年7月,我凭借优秀的赛事成绩正式入选国家队,进入2010年温哥华冬奥会周期的运动员备战序列。成为国家队队员,代表国家出征奥运会,是我当时最渴望的事情。

早在瑞士的水池训练结束后,陈老师就告诉我:"桃桃,我快退休了,但还有一个愿望没有实现,就是带领自己培养的运动员夺得冬奥会金牌,为咱们国家填补上女队没有金牌的缺憾。"

陈老师担任自由式滑雪空中技巧国家队教练的12年间,培养了数位国家队选手,取得的最好成绩仍是冬奥会银牌。就只差一枚奥运金牌了!这让不久后就要离开空中技巧舞台的陈老师万分不甘。

一个是希望完成最后一搏的优秀教练,一个是年轻气盛的潜力黑马,相同的奥运冠军梦将我与陈老师紧紧地绑在了一起。陈老师说："咱俩就像在一条船上，我也使劲划，你也使劲划，好好配合，争取 2010 年在加拿大温哥华冬奥会上，咱们实现夺金的目标，为空中技巧项目，为国家争得荣誉。"

此时，我还是一名两周台选手，但不跳三周台，就拿不到奥运冠军，这是我和陈老师的共识。从往年比赛结果看：自由式滑雪空中技巧的奥运冠军，无一例外都是用三周台难度夺下的。可真正要培养一名三周台选手，也是相当高难度的挑战，于运动员，于教练，都是如此。三周台是自由式滑雪空中技巧的最高跳台，危险系数自然也是最高的。数年来，国际强劲如澳大利亚、瑞士、挪威、美国等国选手，都难逃受伤，甚至手术的劫难。项目发展十余年，国家队也只有师姐郭心心一人在大赛中偶以三周台竞技。

缺乏稳定性和安全性，高致伤率一直是三周台选手要面临的巨大压力，也让队伍在培养三周台人才的过程中极为谨慎。无论是要求稳，还是要求赢，对于竞技项目来说，技术动作一定是逐步进阶的，由简单到困难，非但不可跨越，且每一级台阶都必须走得扎实。

2007 年春节后，国青队在吉林北大壶训练。到了预定开三周的日子，天气异常恶劣。大雪铺天盖地，还伴随着凛冽的西北风，阴云笼罩着雪场上空，光线昏暗，视线模糊。

早上六点，我一吃完早饭就上山了。那天陈老师也早早去了雪场，天没亮就开始用铁铲松动着陆坡的雪，把跳台的角度准了又准，我知道，陈老师虽然坚定开三周，但心里也并不安稳，担心我出现意外状况。

那天上午，一看天色极差，大家连常规的训练都有些犹豫，但是雪期马上就要结束了，如果今年不能实践三周台，我就又要再等上一整年，那留给稳定三周动作的时间就更紧张了。原本有一个男队员也计划在当天开三周，陈老师寻思让这个男孩先跳，能给我打个样板。他跳了之后，陈老师还可以根据他的起点和速度来及时调整我的起点和速度。可男孩一看天气特别不好，立马就放弃说不跳了。他不跳，也没有其他人跳，最后，只剩下我一个人。

相比人造的水池，雪面上的偶然因素显然要多得多，而且在这样糟糕的天气下进行，如何克服环境的影响成功翻腾3周，并在情况莫辨的雪上安全着陆，于我也只是模糊的想象。一旦偏离了技术标准，或是翻转时角度不准确，落地时就极有可能造成严重的意外。

陈老师也害怕了，他叫住我，说："桃桃，不行咱今天就不跳了。"

"陈老师，为了这一天，我好几宿没睡好觉了。你让我晚一天，我就多一天睡不好觉。"我认真地说："陈老师，咱们真的不能再等了，既然要干就马上干！您放心，我不怕受伤。"

我递给陈老师一个"豁出去"的眼神，他点点头，继续给我测速，很多队友都在一旁围观。负重近20斤的装备，我借助索道进入出发区，做好了准备动作。一声口令，我出发了。怎么滑下去的我已经记不太清了，只能回想起当时的自己举起双臂时特别豪迈，有一种舍我其谁的霸气。其实我心里也很害怕，但不知道为什么，自己这一次能这么厉害，这么果决，或许真的就是心中有梦想吧。

那天，我尝试了三次起跳，其中一跳真的站住了。陈老师极为兴奋，立刻向竞技体校的领导报平安，告诉他们我三周台成功着陆的好消息。

人一旦克服了某种恐惧，似乎就很难再被其左右，甚至一定程度上，可以驾驭恐惧，将内在的不安转化成某种激情的燃料，助推自己持续向前。我越发沉浸于飞向更高的天空，再稳稳落地的激情体验。每当我不断挑战更高的难度，专注在技术动作的实现上，最后站稳在着陆坡，从雪面上飞速滑下，挥舞胜利的手臂时，那种爽感和自豪感是属于我的独家体验。

我在三周台反复起跳,也跳进了 2007—2008 世界杯赛季巡回赛。过往诸多赛事的奖牌叠加已经为我积攒了足够的信心,不断开出三周台难度更是让我的竞技实力跃升了不止一个台阶,我在赛场上的表现也越发大胆起来。

2007 年 11 月 21 日,队伍来到内蒙古阿尔山市进行冬季训练。兴安盟阿尔山市是一座人口不到 7 万的边陲小城,山脉地势自东南向西南攀升。这里降雪量稳定,雪期长达 7 个月,积雪深,雪质好,自 2003 年起,阿尔山确定成为国家队冬季训练基地。我已不记得自己有多少个冬天是在这里度过的了。阿尔山,对于自由式滑雪空中技巧队而言,称得上"第二故乡"。

站在三周跳台上,我能轻松地看到阿尔山整个城市的全貌。当时,我们还住在山上,条件十分简陋,窗户漏风,人手必备一个暖手宝。一到夜里四下漆黑一片,只能听到风吹过的声音。那种极其萧索、极其孤独的体验,恰如 2007 年的阿尔山赛场留给我的记忆。

12 月 12 日,我参加了在阿尔山太伟滑雪场举行的全国自由式滑雪锦标赛。在这里,我遭遇了空中技巧生涯里第一次重大事故,高难度的动作不仅没有为我的成绩加持一分,反倒因为上难度之后表现得太过急切,差一点终结了我的运动生涯。

又是一年暖冬,但阿尔山的气候受影响较小,为了保证训练的连续性,国家队的雪上训练比往年冬训提前了 3 天。原本增加的训练时长应该让我更加熟悉阿尔山的天气、雪质和场地情况,但或许是频繁的练习和巩固三周台动作,使我的身心多了一丝倦怠与疲惫。

比赛当天,我像过去比赛一样,充满信心地从助滑区出发。但起跳之后,在空中完成动作时,我明显感觉自己有一点判断失误,这直接导致我在着陆坡落地时,身体重心靠后偏移。落地只有短暂的一两秒时间,我只能依靠大脑做出最本能的反应,站稳是我首先要考虑的事情。我快速调整自己的心态,试图通过腿部肌肉的发力来平衡重心,我使出力气向前站起来,但着陆坡的积雪有些厚实,我一用力,右腿的雪板明显吃进了雪里,我越使劲,雪板卡进积雪越深。我的身体已经失去控制,在惯性地向前发力中无法停下来。等我拼命再次尝试控制身体角度时,我发现自己已经深陷雪中,站也站起不来,躺也躺不下去了。

我太想站起来了。"啪",我隐隐听到一声脆响。我脑袋一蒙,似乎感觉到右腿的筋腱拧折了。

我就像一只折翼的小鸟,跌趴在停留区,膝盖钻心的疼痛席卷了我,身体只得蜷缩起来。我当下的第一反应,是冲陈老师摆手,安慰他说:"我没事儿。"接着转向跑来的队医,难掩焦急地呼喊着:"我站不起来了!快来!快来!"

之后,我被紧急送往北京大学第三医院运动医学科进行诊断。过去17年,我很少因为生病前往医院,更遑提这么狼狈地躺着被推入病房,医院走廊的灯光明晃晃的,我心里却没有丝毫明朗的感觉,那句安慰陈老师的"没事儿",一点儿也没能安慰到我自己。

这一次受伤,彻底扰乱了我的心神,我的心情极其低落,正值自己运动生涯的冲刺期,更正值2010年冬奥会的备战周期,身体受伤绝对是大忌中的大忌。但懊恼也没有用了,肿胀的右腿已经摆在这里。

诊断结果出来:右膝关节前交叉韧带断裂,内侧副韧带撕裂。

我一听,心凉了半截。前交叉韧带是连接股骨和胫骨间的一根粗韧带,主要是防止胫骨过度朝前移动。韧带出现断裂后,膝关节会感到发力不稳。医生说,在上下楼梯、快跑、起跳等发力动作上,可能会出现软腿现象,要想恢复必须积极配合治疗,但无法保证康复程度,因人而异。

空中技巧对双腿稳定性有着极高要求，膝关节受伤对运动员是致命的。我虽不够了解医学上的名词解释，但我十分清楚空中技巧队伍的情况，过往受过此伤的运动员几乎没有能恢复过来的，即便能够康复重回赛场，也难以再像过去一样抵达身体的巅峰状态。许多受伤的前辈、队友最后都无可奈何地选择退役。

一种对未来的茫然再一次笼罩了我。征途的美好只维持了短暂的几年，那些意气风发、争金夺银的记忆分明可昨日重现，却在残酷的受伤现实面前，如云烟般消散得干净。

因为受伤后的康复状况无法预知，我只能暂时停止在国家队的一切训练，由沈阳体育学院竞技体校接收，开始准备手术。自2007年7月我正式进入国家队，不过5个月时间，我甚至连国家队队服的影子都还没看到，就又返回了出发的原点，内心的沮丧不言而喻。

抱着无比黯淡的心情，我在北医三院独自等待数日，一直到2008年1月10日，才得以排队做上交叉韧带重建手术。这一次采用的是半麻醉。手术后，我的腿被纱布缠绕了一圈又一圈，里面被人工植入了1枚金属钢钉，用以辅助韧带功能恢复。等到麻药退却，伤口疼痛难耐，我只能躺在病床上静养，下床都倍感艰难。

以我报喜不报忧的性格，老爸和老妈自然被蒙在鼓里。我受伤，只会让他们平添伤心和担心。为了维持平静的假象，日常报备不能少。我特意给老徐打电话，说："你知道吗，我可是队伍里的黑马！队里要送我去香港集训，估计很长时间不能回家了。你和小丽妈妈要照顾好自己！"

大概是我装得挺像，老徐放话："这说明你练得好，家里不用你操心。"小丽妈妈很想我，抢过电话说："桃啊，今年春节就没回来，等你回来，妈妈给你包酸菜馅饺子。桃桃加油！你最棒！爸妈永远支持你。"

挂了电话，我只能独自垂泪。老徐和小丽此刻怎么会知道，自家闺女根本无油可加，只剩下受伤的双腿和痛苦的泪水。

作为运动学科研究的顶尖医院，北医三院的病床可谓一床难求。术后不过两天，我就不得不面临出院的问题。为了方便康复，我租住在北医三院对面小胡同的一家老破小的宾馆里。屋里只有一张单人床，一间逼仄的小厕所，一个行动不便的我。在无数个疼痛难安、辗转失眠的夜晚，我问自己：

"学了那么久的摔倒，怎么还不知道保护自己？

起跳、速度、翻转、落地，到底是哪个环节出了问题？

上三周这个过程，是不是自己太心急了？"

印象最深的一天，是 2008 年 1 月 15 日，那天恰好是腊八节。我知道，消极情绪不宜积压太久，借着节日的名头，我准备奖励自己喝一碗甜美的腊八粥，给自己创造一个好心情。虽然不能和家人团聚，但也不能太苦了自己。

医院左侧 20 米就是"宏状元粥店"，我把拐杖插在轮椅下面，独自转动着轮椅到了店门口，却没想被五级台阶拦住了。想起夏季训练时，上百级的高台，我都上下无碍，如今，就连五级台阶我都上不去了，正值心酸与尴尬之际，两个路过的男孩，好心地帮我抬轮椅，扶我进了店。终于坐到了窗边，我还是点了一份状元粥，可就在粥端上来的那一瞬间，我已经完全没了胃口。我清楚，不是粥的味道不好，而是自己的心情太糟。

当时沈阳体院的经费有限，无法支持我一直在北京治疗，我的康复疗程就被拆分成了"双城记"，在北医三院理疗两个星期，再回沈阳竞技体校自己康复两个星期。每两周，我就要登上沈阳去往北京的动车，就这么往返了四个月之久。鞍山是沈阳—北京的途经站，有好多次到鞍山站停车的时候，我都恨不得立马出站打车回家，投进老徐爸爸和小丽妈妈的怀抱，好好地大哭一场，宣泄一个 17 岁的小姑娘的委屈和难过。可这只能想想罢了。咽下思念与委屈，继续披上坚强的外衣，我看着列车再次启程，鞍山在眼前慢慢远去。

陈老师要继续带领队伍训练，没有办法常常来看望我。他很担心我的情况，但我照例给他宽心："您放心，我恢复得挺好的！这段时间，我肯定好好学英语，然后减肥，养精蓄锐。您就等我重新回来吧！"

回到竞技体校，我一个人住在宿舍五楼。一开始，一条腿下不了 5 楼，只能拜托别人帮我从食堂打饭，一打就是一个星期；腿无法弯曲，自己网上买了一个马桶凳，艰难地半撑着上厕所；屈不上腿，可也没办法坐直，夜里就勉强斜侧着睡；没有专人带我做康复训练，我每天自己练卷腹，练核心力量，不让肌体松懈下来；没有康复教练，我成了自己最好的康复老师。每天在地上铺上一张小海绵垫，我就开始独创的拉伸恢复训练，没事就琢磨着怎么给伤腿压角度，怎么用力，怎么抗阻，或是趴在地上把腿窝进手臂拉伸。一直到后来有了系统的康复训练，我才知道，我的方法已经接近一项名为 PNF（全称是 Proprioceptive Neuromuscular Facilitation，翻译过来就是"本体感受神经肌肉性促进法"）的专业康复拉伸训练。

多亏了年纪轻，身体恢复能力强。我开始能慢慢拄拐下楼吃饭了，每天下午四点半，我准时下楼，拄着拐一点儿一点儿往体院的斜对角去，到了食堂，大约五点半，吃完饭再拄拐回到宿舍楼，到了宿舍天都已经黑了。有时候我会放掉拐杖，自己靠单脚一蹦一跳下楼。我试图借用这个行为锻炼身体的平衡力，保障机体的活跃，促进身体的自我修复。

康复阶段，我用的都是自创的"三脚猫"的功夫，我很清楚，我急需一个专业的、强悍的康复老师和极为系统的康复训练，否则我真的有可能折翼在此。就在这个关节点上，国家队及时伸出了援助之手，促成了我和牛雪松老师的相遇，也奠定了日后我们十多年彼此支持、彼此成就的关系。

我和牛老师第一次见面，是在2008年5月。牛老师本科毕业于沈阳体育学院，彼时，他正在北京体育大学攻读博士，师从体能训练学科的开拓者，也是我的硕士研究生导师王卫星教授。他一边研读理论，一边结合实践，从力量、平衡、柔韧、速度等多个维度，对我的康复结果进行了评估考核。结果显示，由于自行恢复不规范，我的膝关节肌肉的力量比例不是很合理，右腿和左腿相比，力量上还有很大差距。2008年7月，我跟随国家队去往美国进行夏季专项技术训练时，测试单脚三级跳跳跃距离，我的左腿和右腿还有三米左右的差距，左腿能跳将近五米，右腿只能跳一米多。那段时间，牛老师建议我暂停专项，有针对性地对我受伤的右腿进行康复训练。

和牛老师并肩康复的三个月里，我详细记录下自己每一天的训练过程，每一个时间段的训练安排，甚至每一组肌肉群的变化。晚上训练结束后，我还会写下复盘日记，对自己的身体状况做充分地了解和分析。温哥华冬季奥运会越发迫近，女队一直是空中技巧的王牌队伍，国际上的选手也都实力强劲，我必须尽快恢复到好的状态，弥补受伤这一段时间耽误下来的训练进度。

2008年7月，在受伤仅仅7个月之后，我便重启雪上专项训练，创造了全队康复时间最短的纪录。我非常清楚的是，我并非依靠蛮力和傻劲重回跳台，而是熬过那些漫漫黑夜之后的能量再迸发。

2008年8月8日，第29届夏季奥运会在北京隆重开幕。我准时在电视机前收看开幕式。两千零八人击缶而歌，欢迎八方来客；体操王子李宁在鸟巢上空漫步,点燃奥运圣火的那一刻,我禁不住热泪盈眶。

虽然离开体操行当已经六年,但体操比赛,永远是我最为关注的项目。女子体操团体决赛,中国队对阵美国队。在跳马、高低杠、平衡木三项比赛结束后,两队成绩十分胶着,中国队小分落后。最后一项是自由体操的比拼,轮到中国队上场,背景音乐响起,京剧鼓点大气磅礴,激昂腾跃,我的心情也一起随之剧烈起伏。随着最后一声鼓点结束,我知道,中国队赢了!2008年8月13日,中国女子体操在这一天,创造了一项历史——第一次夺下奥运团体第一!

电视镜头里,中国体操队的教练员、队员们紧紧拥抱在一起,一众人喜极而泣。顷刻间,电视机前的我,也跟随着2008年的北京奥运节奏和中国体操健将的步履,走过残酷伤痛,释放出那些极致的压力。

搏命赛普里斯山

一切都在为19岁的第一次冬奥出征做着准备,包括我在长春莲花山提前完成的世界女子最高难度动作。

进入温哥华冬奥备战周期,国家队主教练的重任,已经从陈老师接棒到了加拿大外教达斯汀和陈老师的第一任弟子纪冬手中。领导层希望通过外教的成熟经验和年轻教练的新鲜思路,混合搭配,擦出不一样的火花,为自由式滑雪空中技巧队伍再造一个奥运奇迹。

比起陈老师的慈父形象,纪老师更像一位神色严肃的大师哥,大家对他的印象,就一个字形容:"帅"。纪冬,中国自由式滑雪空中技巧最早一代的男子运动员。20世纪80年代末,他就是中国最早的滑雪队——前卫体协滑雪队最早的一批男运动员，也是沈阳体育学院自由式滑雪空中技巧队的首批男队员。他的奋斗历程，折射出中国自由式滑雪空中技巧队在艰难中冲拼、提升和突围的前进足迹。真心佩服他丰富的一线作战经验，我期待在他的指导下，实现自己的新突破。

2009年2月14日，在2008—2009赛季世界杯最后一站莫斯科，我终于迎来成绩的反转。在此之前，我已经接连4次参加世界杯比赛，都摔出了决赛，一直备受打击。而这一次莫斯科收官战，我不仅重回战斗状态，还直接夺得人生中第一枚世界杯冠军奖牌。空中技巧，一如我最亲密的爱人，在浪漫的情人节这一天，以一份最好的礼物作为收尾，结束了我艰苦的2008—2009赛季。

19岁的徐梦桃，是全情投入的战斗桃。在夏秋零上2—3摄氏度的水池一遍又一遍练习，在冬春零下20—30摄氏度的雪上一次又一次起跳。无论是体能测试还是蹦床测试，无论是水池练习或是专项测试，我一堂课都不想迟到，一分钟都不想落下。

我已经落下太多了。2007—2008世界杯赛季，由于受伤，我遗憾缺席；2008—2009赛季，受伤后首次复出，成绩不够理想；2009—2010作为最后的奥运赛季，我唯有拼命追赶，不断赢下更多的世界杯积分，才能拥有参加温哥华冬奥会的资格。上一年的反复摔打，令我对待新赛季的比赛更加谨慎，7个月重回专项，让我对自己的可塑性有了更强大的信心。同时，我与三周跳台也进入了亲密的磨合期，动作不断加深与巩固，甚至意外到达了巅峰状态。

上一次莫斯科站，我使用的还是三周台+两周台的组合拳打法，因为对自己的三周台动作并没有十足的信心；但进入2009—2010赛季，我已经决心主攻三周台。同年12月19日—20日，在世界杯长春的第一站和第二站，我第一次全部使用三周台动作打擂台，并在第二站就拿到了"双百"分，成功囊括一金一铜。在紧接着的长春站混合团体赛决赛中，我又一次发挥了自己"人来疯"的特质，在教练组的安排下，第一次尝试了难度系数为 4.175 的高难度三周台动作 bLdFF（Back/Lay-Double Full-Full，即向后直体翻腾 1 周，接直体翻腾 1 周转体 720°，接直体翻腾 1 周转体 360°），并成功着陆，成为世界上第一位在比赛中完成该难度动作的女子选手，创造了该项目的历史。

这绝对是我职业生涯的高光时刻，在此之前，这个动作我只在雪上练习过两次，都没有站住。赛后，国际雪联官员公开赞扬了我在赛场上的大胆表现："徐梦桃在比赛中完成了迄今为止，女子自由式滑雪空中技巧的最高难度动作，成为这一运动发展的里程碑。"也是在这一年，我第一次拿到世界杯年度总排名奖牌。

此时，虽然形势大好，但自己十分清楚，我距离稳定的三周台运动员其实还有相当长的距离，与其说 4.175 的最高难度是我能力的水到渠成，不如说是 19 岁的徐梦桃，为获得冬奥会入场券的搏命一跳。但"大胆"已然成为我在空中技巧比赛中的风格标签，也被教练们和世界选手们看在眼里。

2010 年 1 月 29 日，温哥华冬奥会中国代表团正式成立，我的名字位列其中，我也迎来自己的第一次奥运之行。彼时没有人知道，为了迎接这一次冬奥会，我将钢钉拆除手术推迟了一整年，意味着我的右膝将含着一枚钢钉出战。

这并非我第一次来到加拿大比赛，世界杯、夏季训练，我都来过。作为一个三面环山、一面傍海的城市，温哥华气候温和湿润，建筑风格古典与现代混搭。奥运村位于温哥华市一片海湾的东南角，占地 15 万平方米，由十几栋高低错落的公寓楼组成，景色秀丽，闹中取静。中国队住在进门左手边第一排楼中，阳台悬挂着五星红旗，公寓高 11 层，是全村最高的位置，顶层可以眺望整个温哥华。这里不仅可以看到整座城市的地平线，还能遥望到我们的比赛地点：赛普里斯雪山。

距离温哥华西部 30 公里的赛普里斯雪山上，自由式滑雪空中技巧的比赛将于这里举行。赛普里斯山是温哥华北岸山脉最高的三座山峰之一，也是闻名世界的滑雪胜地，拥有复杂的地形和极佳的雪质，站在山顶可以俯瞰到温哥华繁华的城市景观。早在 2009 年的世界杯分站赛中，我就曾在这里取得过第五名的成绩，再次踏入这片美丽的山巅，我的心中更多了一份熟稔和激动。

出征温哥华之前，我已经拥有多枚世界级别的奖牌，但并没有得到外界更多的关注。预赛时，我抱着"只要站在决赛台上我就已经成功了"的想法，顺利完成资格赛，以第八名的身份晋级决赛。但很快，我就迎来了紧张的决赛时刻。决赛阶段，每名运动员拥有两跳机会，两跳相加的得分，将决定最终的胜负。

2010 年 2 月 25 日，决赛在一个大雾弥漫的夜晚举行，能见度极低，天空还飘着小雪。弥散的雾气笼罩全场，周遭的一切都变得朦胧起来。这一次的决赛竞争尤为激烈，群雄逐鹿，12 位决赛选手中，竟然有 6 名三周台选手，这在往年的奥运会上还没有出现过。在进入决赛的 3 名中国参赛选手中，我年纪最小，却也是唯一一名掌握三周台最高难度的队员。

第一轮，我在教练组的安排下，执行了 4.050 难度系数的动作 bFFF，"哈！"的一声打气声之后，我从出发点起滑，在空中漂亮地完成了直体后空翻三周转体 1080°，并成功着陆，获得 108.74 的高分，以 2 分的优势力压难度更高的澳大利亚名将莉迪亚·拉希拉，此时总分排名第一。

决定冠军归属的第二轮比赛，按照第一轮排名的倒序进行。李妮娜和郭心心都十分顺利地完成了动作，稳稳着陆。但两周台得分难以超越三周台，倒数第二位出场的拉希拉，以几乎无懈可击的第二跳，一跃成为总分第一。

只剩下我还没有出场。按照排名，中国队目前已将银牌和铜牌收入囊中。为中国队冲击奥运金牌的任务，意外落在了最后出场的我的肩上。

谁来完成"拼金牌"的任务，如同这个项目一样，一直充满了偶然性。除了不可预测的气温、风速、雪质等外界因素，还有运动员个人综合实力以及现场发挥程度，以及运动员背后整个团队的协调能力，内外因素都在影响着最终的结果。自由式滑雪空中技巧这个项目只有"天时、地利、人和"都具备的时候才可能获得好成绩，这也导致了金牌的归属，始终是不可预测的。

眼前的雾气更大了，视线中的雪场越发迷蒙如幻境。如同一场微妙的暗示，萦绕不散的"大雾"不仅遮挡了我的视线，似乎也蒙蔽了周围人的判断。自2009年一路走来，我的赛事发挥都异常顺利和稳定，这也让教练组对我抱有超乎实际情况的期待，尤其是冬奥会决赛第一跳就拿到第一名的好成绩，几乎令所有人都认定，徐梦桃才是那个离金牌更近的人。在与教练组交流动作难度时，他们也曾询问过我的把握，当时，就连我自己都快要相信，不出意外，我将在19岁最好的年纪，夺下自己的第一枚冬奥会金牌，直抵运动生涯的巅峰。

决赛第二跳，我将要挑战的正是高难度动作系数4.175的bLdFF，这既是我荣获国际雪联表彰的首个世界最高难度，也是澳大利亚选手莉迪亚·拉希拉在决赛第一轮中完成的动作。我虽然掌握了bLdFF，但在冬训期间，实际只在雪上完成了13次三周跳，着陆时只成功站住了三次，成功率并不高。冬奥前夕的世界杯上，我再次完成这个动作，但那绝对是天时地利人和，再加上好运气，才促成的偶然结果。

所有目光都聚焦我决赛最后一跳，我顶着压力走上出发台。膝盖里那颗尚未摘除的钢钉还在隐隐作痛，我镇定心神，抛除杂念，决意去"搏命"这一次自己没有太大胜算的一跳。

我从雪雾中出现，再次迎来人生又一次最大的跳跃。出发，腾空，翻转，保持姿态。从助滑到腾空的几秒，似乎一切顺利，但我隐隐觉得速度不太够。我只能尽力控制身体的每一块肌肉，但最终落地时还是失去重心，一只脚侧滑摔倒了，我翻转身体倒在着陆坡，狼狈落地，滑落到等分区。我快速站立起来，依旧高举双臂向外围的观众致意。

裁判给出分数的那一刻，我眼中闪过小小的失落，从第一名直接跌到了第六名。虽然没有取得好名次，但是，我获得了对手的致敬。已经获得冠军的澳大利亚选手拉希拉向我走来，她比我大 8 岁，是赛场上的神级老将，在自由式滑雪空中技巧的舞台上驰骋多年。看到她向我展开怀抱，我的心情终于有些平复，在她温暖的怀抱中我不禁流下泪水。她的鼓励，让我第一次意识到，残酷的赛场上，也有温情在闪光，我与拉希拉的情感互动让我们不仅成为未来赛场上的好对手，更成为好朋友。

比赛结束之后，我在现场第一时间接受了记者的采访："队里的任务也是让我来拼这块金牌的，这是队伍战术。站住了就成功了，失败的话就是这样了。"说着说着，我的眼眶红了，只有自己知道，决赛中的这两跳高难度其实都是今年才刚开发的动作，训练特别匆忙，每个动作在雪上练习都不超过 15 次，只存在理论上成功的可能性，失败是正常的。

两周台的"不够难"和三周台的"太难了"，让空中技巧队再次错失四年一届的冬奥会金牌。交出第六名的奥运成绩单，对于队伍来说，难如人意；但对我来说，已经创造了一个奇迹。尽管第二跳落地的失误，让我与金牌失之交臂，但在奥运会的比赛中，我接连拿出了 bFFF 和 bLdFF 两个难度系数超过 4 的动作，已经是当时女子选手在比赛中亮出的最高难度，那时我还不满 20 岁。

比赛全部结束后,成绩单一目了然。我和队友程爽抱头痛哭了一场,感慨和遗憾第一名不是中国队的。但让我更伤心的还不是成绩几何,而是想着有些姐姐就要退役了,以后再也没有机会和她们一起训练了。

年轻真是优势无限,面对第六名,未及伤心多久,19 岁的我很快恢复了小女孩的爱玩天性。2010 年 3 月 1 日,未及回国,我就在温哥华奥运村电脑室发出了我的首条微博。因为奥运村的电脑没有中文输入法,我只能用拼音的方式和大家打招呼:"Da jia hao, wo xian zai zhun bei hui guo le, zhe li dian nao mei you zhong wen, dao bei jing le wo hui geng xin bo ke, xie xie da jia de zhi chi!"(大家好,我现在准备回国了,这里电脑没有中文,到北京了我会更新博客,谢谢大家的支持!)

这一串拼音字母,恰似随机发出的一串密码,带着互联网原住民的游戏心态,也带着 19 岁最难三周台选手的乐观心态,我向未来打了一个有趣的招呼。

往后时光,我还有大把机会与冬奥会金牌近距离接触,毕竟,这枚奖牌已经看上去触手可及了。

Chapter IV

第四章

炼金师

金钱的味道

全世界都知道

金牌的味道呢

徐冠军之重

温哥华冬奥会已过去很多年，但它仍具有很强的画面感，因为自己那张留在屏幕上的圆圆的大脸。

戴着护脸出场，没有谁能看出我的脸到底有多大。其实，大脸还是自己体重的原因。19岁，68公斤，首次亮相冬奥的小桃有了一种后青春期婴儿肥的即视感。

温哥华赛后复盘会上，教练员们经过分析，一致认为我决赛第二跳的失败，不完全是技术不成熟导致的结果，还与体重过重有关。如果体重能减少10斤，一定会完成更高、更难、更稳的三周台动作。

进入空中技巧运动那年，我身高1米52，体重80斤，冬训上山半年，身高就到了1米62，身高与体重一起噌噌长，尤其是体重，增长了快40斤。回到家，把小丽妈妈吓坏了，我身上穿的毛衣，是上山前她给我织的，十分肥大，袖口都在晃，下山竟然猛地变小变紧了。体重的增加，与当时正处于发育时期的身体有关，也与自己的重口味饮食习惯有关。

品味着老徐各种美味烧烤长大：小羊排、烤鸭舌、奶油小馒头；小丽妈妈又有着一流的家常菜烹饪手艺：酸菜馅饺子、清蒸刀鱼、红烧排骨……他们俩一起将我养成了美食主义者中的主食一派。进入正规化训练之后，很少再吃到家里的美味，但是，重口味的我还是偏向于选择更油更甜的吃食。有时候躲着陈老师吃个冰激凌，买个油炸食品，热量在不经意摄入间爆棚。2003年秋天的一个傍晚，我和队友一起去门口买水果，却被路边的臭豆腐摊给吸引了。训练又饿又累，实在没控制住就买了一串。第二天，我就深深地后悔自己吃了这串臭豆腐。路边摊不卫生也不健康，对运动员来说，很可能因此生病，并影响训练。因为这件事，我深刻反省，甚至写下了一篇检讨书。

我的身高和体重一起增长，自身并无太多意识去主动控制，运动员的体重都是由教练负责管理，教练能做到的就是监督我们早上多吃蛋白质，比如鸡蛋、瘦肉，晚上少摄入一些碳水化合物，例如米饭、面条等主食。我每天都要称体重，陈老师会细心地给我画脉波表，让我知道自己体重的时时变化。十几岁，正是长身体的时候，训练又十分辛苦，稍不留意，就会摄入量超标。为了解决小孩们"贪吃"的问题，教练们甚至会和运动员一起吃饭，实则就是要监控大家。

要成功减重，光依靠教练的监督可不行，重要的是自律习惯的养成。通往冠军的路途上，真的需要极致的自控力，要挨得住苦，还要忍得了馋。2010年3月17日，温哥华冬奥会之后，我发了一条微博，公开自己的决心，让粉丝监督我减重，我写道："等我瘦下来后，再买美美的衣服吧！"

为了让自己有所警示，我开始管自己叫"能吃的小胖丫"，用称呼时刻提醒自己：要管住嘴呀！管住嘴的同时，更要让自己动起来。

减肥箴言如此简单：守住嘴，迈开腿。但实践起来，全靠目标和意志力在支撑，尤其是对于一名吃货。为了更快地实现目标，我制订了严格的作息时间表，甚至为此放弃收看最喜欢的跨年晚会。回到沈阳体育学院之后，我开启了有氧长跑模式，早晨五点半睁开眼睛就开跑，除了每天在田径馆完成40分钟以上的跑步，晚间七点在体能馆练习完之后继续跑。每次跑步，我都将自己裹得像个粽子一样，降体服外又叠加重重衣服，跑不多远就开始暴汗，为了更快见效果，我还是咬牙坚持，一圈一圈又一圈，以加速更多地排汗，去消解更多的脂肪。

有一次，天气异常炎热，零上三十几度，跑到25分钟，由于出汗太多，身体出现脱水，不适的感觉越来越严重，甚至意识都开始模糊，我强撑着自己，想尽快赶回宿舍脱掉重重的衣服。在半途，我真的无法坚持下去了，高温、脱水、意识模糊，这是严重的中暑症状，如果不及时散热降温，会有生命危险。看到路边的小树林，我径直走了进去，来不及顾虑被他人看见，使尽全身力气脱去了裹在身上的衣物……

减重，不是一朝一夕的功夫，理想的效果来自日复一日的自律。作为空中技巧运动员，体重与身体惯性彼此影响，要在空中腾飞、翻转，又要稳稳落地，意味着体重既不能太重，又不能过轻，而且肌肉含量必须保证在一定数值以上。为了更科学地控制体重，用数据管理身体，我成了整个空中技巧队第一个带体重秤出发去比赛的运动员。

身体在减重的同时，我也进入了一个新的奥运周期——索契周期。在新旧周期的交汇点，身体在变轻，精神上的负担变得重起来。温哥华冬奥会后，李妮娜、郭心心等老将都离开了赛场。那段时间，我明显感觉到了重担开始压身，下一届冬奥会虽然尚远，但是，当冲金的话题再一次成为全队新奥运周期的主议题时，作为队伍中仅存的三周台选手，原本是全队开心果一枚的我，首次产生了集体主义的焦虑。面对新周期技术动作的难度压力，我一度有了"不想练"的想法。我剪掉了自己心爱的长发，改成了短发，想换个心情。

好在行动是治愈焦虑的良药，就好像我的减重之旅，要想看到美美的桃子，首先要让自己动起来。和减重大战同时开始的是2010—2011赛季世界杯，从中国北大壶到加拿大卡尔加里共五站比赛，我取得了两金两银一铜的成绩，并获得世界杯总排名第二的成绩。

本赛季世界杯，前两站赛事都在北大壶站举行，这里堪称我的福地。北大壶，见证了我的首次雪上三周跳，见证了我从中国走向亚洲、走向世界。2006年12月，我在这里获得全国锦标赛个人第二名；2007年1月，我在这里获得亚冬会第二名；这里也是我的世界杯之旅的起点，2006—2007赛季就是在这里开赛，当时我的世界杯总排名第16名，经历世界杯四个赛季的历练，此刻又在北大壶收获金牌，我的世界杯排名有了大幅度的跃升。2012年1月，我又是在这里获得了两个国家级冠军：第一枚全运会金牌和第一枚冬运会金牌。可以说，在北大壶，我实现了职业生涯的小满贯。

小满贯的背后，是我对三周台的痴心不改。在空中技巧的发展历程中，尤其是初期和早期，中国女运动员一直主攻两周台，从1998年长野冬奥到2006年意大利都灵冬奥，使用过三周台动作的只有郭心心一人。虽然我从初登雪上三周台到完成三周台最高难度，只用了两年时间，但是，对三周台的掌握还处于中等偏上水平，尤其是动作的稳定性亟待强化。温哥华决赛的第二跳为什么出现失误？根源还在于三周台动作远没有达到纯熟的地步。

从中等到优等，从稚嫩到老到，只有一个途径，那就是多跳、多练。世界杯分站赛正是历练自己三周台的最佳赛道。我的眼中，奥运会不是唯一的目标，世界杯是另外一条重要赛道，它的价值和意义，就在于一站一站脚踏实地地以赛代练，去夺取一站又一站的分站冠军，在这个过程中，技术的稳定性会一步一步得到加固。

这条赛道上，一个新的变化在积极呼应着我对稳定性的更高追求。

2012年，随着索契周期第二个世界杯赛季的到来，游戏规则发生了重要变化，那就是新赛制的实施。从预赛到决赛，所有选手只进行一跳，以一跳定胜负，之前的成绩均不带入下一轮，每轮比赛都是从零开始，大大增加了比赛的悬念。

对比旧赛制两轮分数的相加，新赛制对三周台选手提出更高要求，决赛里一跳定输赢，增加了比赛的观赏性，也让比赛产生更大的变数。这就使得我在每场训练和每次比赛中，更加注意动作里的每一个细节，将稳定性置于一个无比重要的位置。在新赛制到来的2011—2012新赛季，我的个人成绩实现了全新提升：

2012年1月21日，美国普莱西德湖首站，个人冠军。
2012年1月24日，美国普莱西德湖第二站，个人冠军。
2012年1月29日，加拿大卡尔加里站，个人冠军。
2012年2月4日，美国鹿谷站，个人冠军。
2012年3月17日，本赛季收官之战在挪威沃斯落幕，我再次获得女子组金牌，并以660分的总分将赛季世界杯总冠军收入囊中。

首次四连冠，我的世界杯个人金牌数量达到了9枚，更过瘾的是，我首次获得了世界杯赛道上最具重量级的荣誉——年度总冠军水晶球。

从冠军到总冠军，让我想到了"徐冠军"。"徐冠军"是老徐和小丽给我起的绰号，它的由来最早可追溯到我的体操岁月。看到自己的闺女从团队内部赛比到市级赛，继而在省级赛上拿了那么多奖牌，又上了省城大报纸，爸妈于是赐予了我这个美称。当我在空中技巧的世界兀自奔突，"徐冠军"这个称号变得越来越重，因为选择在三周台上实现成绩的新突破，以三周台的动作笑傲各大赛场，成为实至名归的徐冠军，绝非那么容易。就好像在世界杯赛场上，我需要每一季的每一站保持领先，拔得头筹，战斗到最后，并笑到最后，才有可能在年终总决赛赢得一座水晶球。

2012世界杯赛季四连冠的背后，是新赛制下一次又一次对稳定性的新考验。在卡尔加里的大风中稳稳站住，在鹿谷迷雾重重的夜场里站住，我要让自己的三周台动作实现最大的稳定性，以稳健取胜，以质量取胜，在新赛制背景下实现真正的三周突围。

"突围"这个词并不夸张，因为在历练三周台动作的路途上，我一直是那个孤勇者。与队友们都在练习的两周台相比，三周台抛出去的高度、角度、速度都不一样，三周台动作难度高于两周台的难度。完成三周台动作要求的速度和完成两周台动作的速度不一样，三周台动作，速度要求每小时66—70千米。准备活动时我们就会测速，动作难度不同要求的速度就不同，如果速度达不到或者超过了，做动作时就会受到影响。由于没有任何的速度借鉴，我只能自己陪着自己练。为了获得更快的提升，我制定了"在游泳中学习游泳"的原则，主动将三周台的历练放在与实战的紧密结合中进行。

2012—2013世界杯赛季的到来，为我的提升新计划再一次提供了机遇。于我而言，"机"意味着"转机"，"遇"意味着"遇到问题"，几乎每一站比赛都是在问题中解决问题，在调整中通向转机。

2013年1月5日，中国长春站：面对高手，隐蔽实力，降低难度，稳中求进。

成绩：个人金牌。

中国长春站是本赛季的首站，是2013年首项国际大赛，也是首个正式采用新赛制的大赛。为了适应新规则，比赛云集了众多高手。温哥华冬奥会冠军、澳大利亚名将拉希拉来了，李妮娜也复出了。高手过招，彼此都在隐藏实力。尤其是4.175这个三周台最高难度动作，拉希拉虽然已经在温哥华冬奥会成功完成，但她在本站比赛没有继续采用。我也一样，虽然在前几日的全国锦标赛上成功完成了这个动作，但面对新规则，为保证动作的稳定性，我也采取谨慎态度，选择难度系数为3.800的一套动作，当我稳稳落地时，裁判们打出了109.06分的全场最高分。

这是我个人第 10 枚世界杯金牌，10 这个数字很吉祥，这个数字也给予我强大的自信。以历练稳定性为中心，提升技术细节的完美度，我对自己的首站表现，从动作到得分都很满意。

2013 年 1 月 13 日，加拿大凡圣格姆站：克服雨雾天气困扰，克服预赛和半决赛失误，顶住压力，渐入佳境。

成绩：个人金牌，两连冠。

第二站比赛在加拿大凡圣格姆举行，比赛前一天遭遇雨天和大雾，选手们的动作成功率受到影响。我从预赛、半决赛到决赛都是第一个出发，两轮晋级过程中都因失误出现惊险一幕。先是以预赛第 12 名惊险晋级半决赛，又以 1 分之差位列第 4，惊险晋级决赛。进入决赛，我及时调整状态，渐入佳境，选用难度高达 3.800 的直体后空翻三周转体 720° 动作，得到 104.50 分，实现两连冠。

本站比赛，过程很艰苦，结果却不错。面对天气状况不佳和预赛及半决赛发挥不佳的两种不利情况，我顶住压力最终夺冠。这个过程对自己的锻炼意义很大。更让我欣喜的是，我是全场三周台成功率最高的，而且是在腿部伤痛发作的情况下。

2013 年 1 月 18 日，美国普莱西德湖站：采用不同难度系数动作，依靠出色的完成质量胜出，技术稳定性得到质的提升。

成绩：个人金牌，三连冠。

2013 年自由式滑雪空中技巧世界杯在美国普莱西德湖进行了第三站的较量，共有 25 名女选手参加比赛。半决赛中，我采用的是难度系数 3.500 的动作，尽管难度在对手之下，但凭借出色的完成质量得到了 95.90 分，位居第一，挺进决赛。决赛阶段，我选用了难度高达 3.800 的动作，得到了 92.72 的高分，实现本赛季三连冠，这也是我个人的第 12 个分站赛冠军。

与前两站比赛不同,在第三站,我大胆尝试,采取不同难度系数的动作,结果连续三站夺冠,这说明我的三周台动作已经具备较高的稳定性。不同难度的动作都成功完成,这让我的信心更为强大。

2013年2月1日,美国鹿谷站:再次成功挑战最高难度动作,创造空中技巧女子历史最高得分。

成绩:个人金牌。

世界杯第五站在美国鹿谷展开争夺。决赛中,我选择再次挑战超高难度系数4.175的动作,出色发挥,成功完成,拿到116.90的高分,创造了包括冬奥会、世锦赛、世界杯在内的自由式滑雪空中技巧女子项目历史上的最高分。同时,获得了本赛季世界杯第四冠。

相比其他站比赛,鹿谷站尤为重要,本站世界杯采用了与冬奥会相同的三跳赛制,对我们整个团队是一次很好的练兵。而能够创造得分纪录,对自己来说具有特别的意义。

2013年2月17日,俄罗斯索契站:克服气温、雪质、跳台质量等不利因素,继续保持动作稳定性,以出色的动作质量顺利夺冠。

成绩:个人金牌。

第六站在俄罗斯索契进行。索契气温高、台子滑、雪质非常湿,再加上比赛当天遭遇下雪,对运动员的发挥造成很多不利的影响。经过整个赛季的技术和心理历练,应对这些因素,我拥有更稳定的心理素质和技术能动性,确保两跳动作能够出色完成。顺利晋级决赛后,我以90.30分位列第一进入最后一轮决赛,采用难度3.800的直体后空翻三周转体720°动作,获得106.02的高分,在本赛季第五次获得冠军。

2012—2013赛季,只有我一个人,六站世界杯全部用三周台比赛,"六站五冠"的成绩没有让任何人失望,更没有让自己失望。从2010年温哥华到2014年索契冬奥会,四年之间,我连续参加了23站世界杯,几乎没下过领奖台，尤其是2011—2012和2012—2013两个赛季我共收获了10站世界杯冠军，平均每年5块金牌，连续两次蝉联世界杯总冠军。经历了三个赛季的炼金师生涯，我在空中技巧界的地位由"90后新秀"进阶成为中国空中技巧队的"领军人物"。我穿起象征第一名的"黄马褂"，它用金灿灿的光芒为我加持，向我的对手们凸显着"徐冠军"的强悍能量，频频夺冠的徐冠军也用自己的努力和实力证明着自己，证明"黄马褂"就是为自己量身定制，就是自己的专属冠军领奖服。

带着体重秤一路打拼的世界杯之旅，减去的是多余的脂肪，收获的是沉甸甸的金牌。每一块金牌的背后都是实打实的三周台动作。当我不断收获四连冠、五连冠和蝉联世界杯总冠军的同时，自己的体重也在减脂增肌中，朝着理想化的方向迈进。那么，在减持和加持的双重博弈中，有哪些值得分享的经验呢？我很愿意给女孩们说一说自己的三点小结。

1.动起来，与热爱同行。思考会让人睿智，但思考过度就会伤神。行动是最好的治愈力，当我们出发，就让自己与热爱的一切同行。我不是旅游达人，如果自费环球旅行，我不太舍得投资，对于我来说，出国比赛等同于环球之旅，同时还可以拿金牌，多么好的一份差事。每年新赛季来临之前，我最兴奋的是看到新鲜的赛程表，每一站，我都会提前做好各项准备。也许有的人会觉得"打一枪换一个地方"式的连续作战非常辛苦，但我喜欢快节奏的国际比赛，每当背着自己的随身必带——贴身衣服和体重秤——在各个机场登机和中转，我都会非常享受，非常兴奋，对旅途中的下一站永远保持着最大的好奇心。

所以，当你动起来，一定不要为了动而动，而是要找寻一种可以提供快乐的场景。比如，要想跑得舒服，就给自己选一个好地方。在蓝天白云阳光充足的室外，呼吸着新鲜空气，看着沿途的风景，一口气跑到大汗淋漓，这就是我最理想的有氧跑步状态。只有在令人愉悦的场景中才会投入沉浸式的运动。

2.睡一会儿，用好碎片时间。不是只要运动就能让自己的身体健康，配合合理的作息才能够保持身心平衡。作为职业运动员，抵抗高强度的成绩压力，睡眠质量是非常关键的因素。睡得好与瘦得快也有密切的关联，因为睡眠好，心情不会焦虑，就不会借助过度饮食等非正常渠道去疏解压力。睡眠充足，自然减少了进食次数，进食有度，体重就会按照作息的规律自然降下来。

不是每一个人都能拥有充分而规律的睡眠，加班和差旅会随时打乱作息的节奏。遇到这种情况，我会利用"快充式"休息法，让自己通过"秒睡"迅速得到休息，快速补充体力。如果你问我倒时差的秘诀，我会告诉你"快充式"很有效，我一般在出发前就开始倒时差，甚至在摆渡车上都能睡着。平时，训练间隙、开会间隙、活动间隙，这些碎片化的间隙我都会利用起来，让自己随时切入小寐状态，坐着睡，趴着睡，甚至站着我也能睡着。

3.吃一点，适度奖励自己。克制是相对的，单调的生活只会让我们失去调剂的润滑剂。节食的同时，也要学会适当奖励自己。蛋糕、烤鱼、火锅、奶茶，其实我都来者不拒，但在减肥的关键时期，尤其像备战奥运这样的重大赛事之前，我绝不会违反自己的规矩。休息期间，如果想吃蛋糕的话，我会允许自己放纵一下，给自己一点小小的甜头。

在对抗欲望的同时，不能损害自己对生活中乐趣的追求。我们很难像僧人一般，以修炼禁欲作为修行的途径，作为一个普通人，我们还是要以快乐生活为主。这也是我始终保持积极心态来减肥的原因，如果减肥对你只剩下痛苦，那我一定劝你，赶紧停下。

没有人可以永远做苦行僧，在三周台的历练之路上，虽然我是孤独的行者，冠军和金牌都在回馈着我的付出，升国旗、奏国歌，更是一种极致的精神满足，这是我自己的快乐运动法。当然这种快乐是一种延迟性质的满足感。运动的回报从不是当下的，这和生活的酸甜苦辣、悲喜交集是一样的道理，是要在辛苦的奋斗里等待遥远的馈赠。人在对抗欲望时，势必要耗费大量的情绪，甚至感到不愉快、很痛苦，这都是必经的过程。但是一旦见识过运动成果的好处，你就很难放下这种正向反馈，甚至可能会有上瘾的感觉！

2013年，除了世界杯，我在另一条重要赛道上的耕耘也换来了收获。经过2009年和2011年两获亚军之后，在挪威世锦赛上我终于夺得了自己的第一枚世锦赛金牌。

2013年3月8日，挪威世锦赛进入最后决赛。杀进终极决赛第二轮，我的三周台动作再次发威，难度优势逐渐显现。凭借难度系数3.800的bLFF(Back /Lay-Full-Full，即向后直体翻腾1周，接直体翻腾1周转体360°，接直体翻腾1周转体360°)，我以90.82分排名榜首，拉希拉本轮出现失误，提前出局。进入第三轮，整个赛场简直成了我的三周台专场，当其他对手均选择2.600的较低难度系数动作力求保牌之时，我再次选择去挑战女子最高难度系数4.175的bLdFF动作，最终以98.53分的成绩夺得冠军，高出第二名俄罗斯选手科尔苏诺娃以及第三名澳大利亚选手斯科特近24分。

2013年，23岁，对于我来说，真的是一个特别的年份。

这一年，我进入北京体育大学冠军班，开始攻读硕士研究生，继续开拓空中技巧实践领域之外的学术赛道。就在我成为研究生的那一刻，我忽然感觉自己不再是小孩儿了，而是迎来了自己的真正成人时刻。从18岁到23岁，是我青春岁月的重要成长阶段，于我而言，18岁的成人和23岁的成人有着不同的价值，"修己以清心为要，涉世以慎言为先"。

2008年，18岁的我孤独地与伤病抗争，在疼痛和忍受中成长，那是修己。五年之后，我在多条赛道上加速奔跑，从为人到做事，涉世越来越深，当自己的位置在团队中变得愈加重要，我更需懂得慎言，以成熟的姿态去承担一言一行带来的后果，正所谓"群处守嘴，独处守心"。

23岁，我与自己再次对话，在这个关键节点上提示自己：徐梦桃，此时此刻你是成年人，是大人了，以后要对说过的话和做过的事负责，要以大人的方式与大家交流，不能想说什么就说什么。为了让这个成人礼更有仪式感，我专门请爸妈给我写了一份成人礼的书信，手持这份家书，我宣布自己正式成人。这种仪式感并非多余，它象征着从23岁开始，我不再是孩子心态，不再是谁的开心果，不再没心没肺的说话，不再用力地去让所有人喜欢。这是一次不经意的转折，带走的是一段青涩直白的岁月，带来的是一份对生存和生活的深入思考。也许，23岁的我依然青春无限好，但在这个风大雪大的职业江湖上谋生，我体味出的复杂滋味自带了许多有别于青春的厚重。

无论是别人口中的"一姐"，还是领军人物，无论是世界杯冠军，还是世锦赛冠军，回到老徐身边，我还是他的闺女和小跟班。2011年，老徐终于告别了地摊生涯，在铁东区湖南街金石榴超市南墙外有了自己的门店，名曰：老徐肉串。

从外面看，老徐肉串就是一个普通的串店，进到里面，才会发现别有洞天，俨然一个徐梦桃冠军事迹展览馆。从我的获奖照片到我的获奖报道，老徐和小丽都精心地打印和复印了下来，张贴在餐厅中的角角落落。最大的一张是2012—2013赛季我获得世界杯总冠军，稳稳落地之后，举起双手欢呼的照片，老徐将它特意放大，放在了串店的核心位置。穿梭在客人中间，我重新成为老徐的元老级的徒弟和不拿工资的资深员工。

由于本赛季亮眼的表现，央视体育频道《体育星探》栏目的记者专门来到鞍山,拍摄我和老徐串店,这是多好的宣传我们家店的广告大片啊。为了答谢主持人吴为大哥和他的同事,我亲自为他们小露一手,烤了一盘香辣板筋皮,小徐的手艺让他们大呼过瘾,给出的评价是"相当不错,仅次于老徐"。

看到客人们大快朵颐,我也忍不住去品尝老徐的美味肉串,但总体是浅尝辄止,保持克制。我提醒自己一定不要再像小孩儿一样贪嘴,因为在串店最显著的迎门大墙上,是老徐亲自书写的一行醒目的大字——

2014,下一站,Sochi!
索契!

银牌的含金量

在人生的第二个本命年,我第二次冲到了冬奥的门前。没有人知道,这是我成人礼之后经受的第一个大考验。

2014年1月8日,本赛季第二站在鸟巢国家体育场举行。为了让父母好好参观一下2008北京奥运会的开幕式、闭幕式举办地,我首次邀请他们来现场观赛,顺便也向他们证明一下徐冠军的厉害。结果,在完成落地动作时,我速度慢了一点,膝关节直接碰到鼻子上,将鼻翼顶破,右侧的脸都肿胀起来。本来这点小伤不想让他们知道,但越来越肿的脸实在无法掩饰。可怜天下父母心,我返回酒店,老徐和小丽早早就在一楼大厅等我。看到我的脸肿得厉害,小丽流下了无限疼惜的眼泪。是啊,即使一个人再长大,再成熟,在父母眼中,都是永远的小孩儿。

也许是前两个赛季成绩过于出色，时间来到临近索契冬奥会的2013—2014赛季，所有人都希望我更进一步、奉献更大的惊喜时，连续5站世界杯，我的最好成绩是第三名，没有收获一个冠军。

难道这就是传说中易出"霉运"的本命年，难道这就是传说中"凶险"的成人世界？24岁的我，在成绩的起起伏伏、命运的左右摇摆中一步步走进2014年冬奥举办城市——黑海北岸的著名夏都索契。

从1998年长野冬奥会到2010年温哥华冬奥会，四届冬奥中国空中技巧女子个人的最好成绩就是银牌。我非常清楚"惊喜"意味着什么，这份惊喜也是我们空中技巧女队每一个参赛者最想带给大家的，用温哥华冬奥会银牌获得者李妮娜师姐的话说："我就是想给奖牌换换颜色！"

为了让队员们更快地适应索契的场地，中国冬奥代表团提前一周就来到了这里。

索契，我曾经两次在这里参加世界级赛事。一次是2012年的欧洲杯，一次是一年前的世界杯索契站。虽然第二次比赛获得了个人金牌，却是在非常不理想的天气状况和雪质状况下艰难完成的。

跟随世界杯走过那么多城市，索契是唯一一座"满城冰雪也温暖"的亚热带城市。是啊，亚热带城市也可以举办冬奥会吗？许多人和我一样感觉非常奇妙，通过查询资料和现场了解，索契的独特性就在于它虽纬度高，却位置偏西，是俄罗斯最温暖的城市；加之索契处山海之间：东北岸是黑海，北边有高大的高加索山脉，海拔拉开温差，可以带来丰沛的雨雪。所以，这里既有雪场，又是世界著名的夏都——避暑胜地。

温暖如春的索契，对于度假的游客是胜地，对于来这里参赛的冬奥运动员们却不是福地。白天气温偏高，容易造成雪质变软变黏，晚间再一上冻，雪质又变得坚硬。这一软一硬都不是理想赛场应该具备的雪质条件。除了雪质问题，还有气温问题。记得上个赛季索契站比赛期间，一会儿是大雪纷纷，一会儿是大雨哗哗，雨雪交集，比赛场地一片狼藉。气温偏高给工作人员带来了许多麻烦，为了干活轻松，避免大汗淋漓，他们竟然穿着背心短裤去修整场地。所以，亚热带夏都索契，用它的自然条件给自由式滑雪空中技巧运动员出了一个不小的难题，那就是加大了平稳落地的难度，尤其对我，一位三周台运动员提出了更为艰难的挑战。

另一个挑战，就是奥运新赛制的实施，预赛和决赛集中在一天之内全部完成。赛事密度大，对体能要求高。诸多因素汇集在一起，让24岁的我做出赛前分析，那就是我需要直面这样一种现实：从温度到新赛制，从雪质到比赛强度，索契冬奥带给我的将是空前的、全方位的挑战。

在索契，随处可见俄罗斯工艺品套娃，三个一套，四个一套，吸引了很多游客和参赛人员纷纷购买。看到可爱的套娃，一个个大小不一却异常相似，让我联想到本届冬奥中国女队的四位队员：李妮娜、我、程爽、张鑫。我是中国队唯一的三周台选手。

正因为是唯一，我才会有着不一样的压力。新赛制对"稳定性"提出了更高的要求，于我而言，是在这个要求之上再叠加一个要求：既具"稳定性"，又具"高难度"。

应对大赛前的压力，我常常采取写赛前日记、与自己对话的方式解压。在这个过程中，我如果有问题，会主动求助，但如果没问题，就会自己静静地待着。这是一个谨慎而隐蔽的压力疏解过程，通过内部转圜的方式去突破内在的恐惧，从而激发潜能，建立起必胜的自信。

作为动机和目标双强的比赛型选手，外界对我的正向影响是鼓励为主，而不是反向的刺激。比赛前的那一晚，也许是经历了太长时间的夜场训练和团部会议，在一种大集体深度焦虑的氛围里，我竟然彻底失眠了，而且一直到凌晨都没有再度进入深睡眠。

精神有些恍惚，状态有些不佳，但是，已经没有时间让我去从容调整。带着不佳的状态我第一时间投入了上午的训练，因为预赛很快就要来了，决赛也很快就要来了。

空中技巧女子个人比赛一共有 23 名选手参加，下午举行预赛，间隔 4 个小时之后举行决赛。预赛分为两轮，第一轮前六名直接晋级决赛，剩余的选手参加第二轮的角逐，取前六名再入围决赛。决赛分为三轮，第一轮 12 进 8，第二轮 8 进 4，最后一轮就是 4 个选手争夺个人奖牌。决赛也由原来的两轮计算总分改为三轮逐轮淘汰的新赛制，这意味着从预赛首轮进入到决赛最后一轮的选手，最多需要在 5 小时之内完成 5 跳。

2 月 14 日下午 4 点 30 分，预赛正式开始。

预赛第一轮，李妮娜和程爽分别以第二和第四的成绩直接晋级决赛。随后出场的我又现起伏，好在有惊无险。本轮比赛，我没有拿出最高的难度，而是采用难度系数 3.800 的 bLFF，速度和高度都正常，最后由于身体打开时机出现问题，造成落地时摔倒，以 71.44 分排名第 11。

首跳发挥不佳，必须参加第二轮的争夺，这对于几乎都是"一跳进决赛"的徐冠军来说，也是创了一个"新纪录"。预赛第二轮，我选择难度系数 3.500 的 bLTF 动作（Back/Lay-Tuck-Full，向后直体翻腾 1 周，接团身翻腾 1 周，接直体翻腾 1 周转体 360°），从速度、姿态、落地都做到了无懈可击，最终以 87.15 分排名第二，搭上决赛末班车。

索契时间与北京时间相差 5 个小时，与索契的预赛同步，2 月 14 日北京时间晚九点半，在中国辽宁鞍山的老徐串店里，一场观摩桃桃夺冠的冬奥直播活动也开始了。在一面巨大的五星红旗下，我们家的亲戚朋友、众多媒体记者朋友以及热心的食客们将"老徐肉串"店挤得满满当当。

当天正好是中国传统佳节元宵节，除了各式肉串、各种零食、各类酒水之外，老徐和小丽还特地为到场的客人们准备了一碗碗热气腾腾的汤圆，这完全是按照庆祝自家闺女夺金牌的架势摆的一场豪华之宴啊。

以前，我的赛事直播，老徐很少实时收看，因为他的心脏不好，情绪过于紧张容易导致不适，所以，他往往都会在知道结果后再看重播。这次收看索契冬奥直播，老徐是为了专门陪着老朋友们，没想到，预赛首轮我就出现了失误。后来，看到记者朋友的抓拍和报道，我才知道老徐默默走出门外，站在零下十几度的街边，独自去抽了好大一会儿烟……直到听闻店里有人欢呼，"桃桃进决赛啦！"他才重新回到电视机前。

四个小时之后，决赛终于到来。从决赛开始，我开启了"稳定＋难度"的综合模式。

决赛首轮，我再次采取难度系数 3.500 的 bLTF 动作，获得 90.65 分，以排名第三的成绩进入下一轮。在决赛第二轮，我继续加大难度，选择难度系数 3.800 的 bLFF 动作，起跳有高度，落地非常稳，最终以 101.08 分高居榜首。两轮决赛结束，我之后，排名依次是上届冠军拉希拉、李妮娜、白俄罗斯选手苏佩尔。经过残酷的逐轮淘汰，进入终极决赛的四位高手终于产生。

以第一的身份杀入第三轮"终极决赛"，我得到了最后一个登场的有利顺序。我最后出场之前，三位高手先后拿出了各自的绝杀技艺。拉希拉挑战超高难度系数 4.425 的 bFdFF（Back/Full-Double Full-Full，即向后直体翻腾 1 周转体 360°，接直体翻腾 1 周转体 720°，接直体翻腾 1 周转体 360°），她的勇气着实令我佩服，可惜落地时摔倒，最终得分 72.12 分。决赛两跳，白俄罗斯的苏佩尔都表现得相当稳定，最后一跳她顺利完成了难度系数 4.050 的 bFFF，获得 98.01 分。

又是最后一轮，又是最后一个出场，又是选择高难度 4.175 的动作，又是由我承担起为中国队冲金的重任，这一幕与温哥华冬奥何其相似，但又有一些不同。不同的是我经历了四年的历练，对于这个高难动作已经不是只凭借蛮力和勇气才敢去搏，而是在四年之中，多次与它交手，虽然有胜有败，但对于它的驾驭力和自信度明显提升。

最后起飞的我，一定要起到压轴的作用，这个"压"就是压住对手强大、雪质不佳的种种不利。出发！助滑顺畅，腾空的高度非常理想，翻转自如，潇洒无比，在落地环节之前，我的动作近乎完美，按照媒体的评价就是"徐梦桃奉献了教科书般经典的空中动作"。可惜，在最后着陆时，由于内心对索契的雪质充满阴影的我似乎想更稳一些，用左手轻轻地扶了一下雪面。虽然，最后还是站住了，但是，整体的分数就因为手部的这个动作被扣除着陆分。最终，以 83.50 分落后于苏佩尔，获得亚军。

从预赛到决赛，5 小时满格完成 5 跳三周台动作，再加上上午训练时的数量，在 2 月 14 日，我从早晨跳到午夜，一共跳了 13 个三周台动作。要知道，在比赛前夜，我是"夜场训练＋失眠状态"，虽然最后拿了冬奥银牌，但我真的是"用尽了洪荒之力"。

"因为冷热交替，索契雪质非常非常不好站，最后一跳，垂死挣扎，我真的好想站住啊！"面对记者，我有些懊恼地甩了甩落地时接触雪面的左臂。夺金的欲望充盈在 13 个三周台动作里，也释放在自己最后落地时的那个撑地的动作里。最后的"失误"再次现身，说明了什么？"温哥华是我实力不够，这次是我状态不好"，面对记者的话筒，我进行了第一时间的总结，没有人知道"垂死挣扎"四个字背后蕴含的全部，而我也只能用这个词表达我的全部。在各种复杂状况的交织下获得银牌，我应该为自己感到欣慰和开心，因为，这是我的第一枚奥运奖牌。

站在索契领奖台上，我享受着自己的荣耀。领奖台上的金牌得主、35 岁的苏佩尔，铜牌得主、四年前的温哥华冬奥冠军拉希拉。她们都是空中技巧项目中"妈妈级"选手。看到她们在坚守中不惧失败，挑战极限，不断创造优秀和卓越，我的那些本命年"运势"理论真是近乎荒诞。最好的成绩当然和运气有关，但更来自"勇气＋毅力＋实力"的最佳组合，这枚冬奥银牌，就是对我四年刻苦历练的最好回报。

我知道，决赛中我的每一轮分数都相当于老徐的心电图，我的每轮起跳都牵动着鞍山亲人们的心跳，我获得银牌的那一刻鞍山已是凌晨三点。近六个小时的观赛，他们没有谁离开，没有人在乎我的失误，而是一起为我的首枚冬奥奖牌欢呼。"我女儿真棒！"在那面鲜艳的五星红旗下，老徐再次摆出了经典的振臂高呼加大拇指点赞动作。小店内的掌声、欢呼声此起彼伏，小丽妈妈也频频与亲友碰杯庆祝，兴奋的家人和朋友又一起跑到屋外，点燃了早已准备好的鞭炮。

第二次冬奥冲金未果，与媒体报道和外界观点不同，我并不认为自己是"遗憾失金"，而是"正常得银"。对 24 岁的我来说，这块索契的银牌有着不同凡响的含金量，它在提示我，虽然你已经成为世界杯和世锦赛两大赛道上的徐冠军，你已经拿了两座世界杯总冠军的水晶球，你已经以高难度动作拿了世锦赛的金牌，但是，你还是没有练到去冬奥夺金的火候。面对高强度的比赛，你体能欠缺；面对突发状况，你的抗压能力欠缺；面对不理想的雪质，你的适应能力欠缺；面对高难度动作，你的稳定性欠缺。种种欠缺，正是这块银牌从专业层面给予我具有非常价值的及时预警。

从物质层面，索契银牌无疑是我 12 年空中技巧生涯含金量最高的一块奖牌。2007 年成为国家队队员，我有了自己的工资，工资加奖金成为自己谋生也是为家庭谋爱的唯一物质来源。对于职业运动员，冬运会、世界杯、世锦赛、冬奥会，所参与的赛事级别不同，对应的奖金也不同。世界杯赛事，虽然我拿了很多分站冠军，但每一站冠军的奖金数并不多。相较而言，冬运会和冬奥会，四年一度，一个是国家顶级赛事，一个是世界顶级赛事，两者奖牌的含金量都会高出不少。我从不掩饰自己对奖牌的向往，也从不避讳称自己是懂生活、能俭省、善经营的"钱串子"，因为心中自有两本无比清晰、主次分明的大账和小账。

在我的心中，家国情永远水乳交融，共荣共生。为国家计，绝对是心中的一本大账，荣耀至上。为自家计，小账也需算好，幸福至上。幸福，是奋斗出来的，可以说，我的奋斗方向里，有一半的动力是为了改善父母的生活。

从4岁开始练体操，到2014年获得空中技巧冬奥银牌，整整20年了。20年里，父母就是靠着卖肉串供我训练，供我生活。小本买卖，收入有限，我从事的自由式滑雪运动又是昂贵的运动，种种显性和隐性的花销常常让家里捉襟见肘，最惨的时候，家里只剩下45元钱。

从小到大，过年我的压岁钱从来不会自己留着，都是主动交给父母。有了工资之后，我更是倾其所有，以工资加比赛奖金两项收入尽最大努力去补贴家里。从家中房子的改善装修到门店的筹款购买，平时爸妈的花销用度、健康体检、个人保险等等，我尽全力买单，每个月的收入也是所剩无几。直到获得冬奥银牌两年之后的2016年，我才有了自己的第一小笔个人存款。

我所有的心愿中，一个最大的心愿是帮助父母换个大一些的房子，没有获得冬奥奖牌之前，这也只是一个遥远的梦想。我们家曾经多次搬家，从寄居在铁皮屋，到与别人家合租房子，再到有了自家的小房子。一直到2014年，一家人仍挤在不足40平方米的小房子里。当我终于有了一笔奥运奖金，在我心中萦绕多年的梦想也终于有了实现的可能。

索契开幕前，我参与宣传片《我，很拉风的"90后"》的拍摄，片中有一段文字，非常代表我的心声：我要成为一位靠谱的"90后"，不仅可以说到，更可以做到，不仅爱自己，更爱家人。2014，拉风行动即刻开始！奖金还没到手，经过反复计算，我采取先借后还的方式，带领爸妈启动我们家的购房和装修行动。

很快敲定了一套92平方米的住房，高楼层，标准的两居室。看到比原来大一倍的房子，老徐和小丽露出无比满足的表情，看到爸妈满足，我更心满意足。那个在铁皮屋子里羡慕别人家住大高楼的两岁小女孩，22年之后，终于也可以住上大高楼，终于有了自己的独立房间，终于有了带马桶的卫生间。

一家人讨论用什么风格完成装修时，小丽的公主风占了上风。根据我查阅的装修知识，按照专业设计师的建议，空间不是特别充裕的房间，不太适合繁复厚重的欧式风格。但是，当我看到小丽对欧式宫廷风的笃定向往，没有犹豫就答应全力配合她的梦想。

进入操作阶段，才发现欧式风格真的好像滑雪运动，贵族架势十足，每一个细节的打造都需要使劲往里砸钱，从复古风格的小肥皂盒到雕花镂金的大床都贵得出奇，每一轮购买下来，都严重超出预算。为了省钱，我充分发挥某宝达人的特长，全网巡逻，货比三家，以批发价格实现零购，抓住商家促销时刻闪电刷单，不怕来回退货和换货，就怕买不到价廉物美的正牌货。即使这样拼着买，我也没有省出多少钱，我的大EXCEL预算表格也常常发出超支的黄色信号。

经过一通连轴转式的劳作，整体布局和装修下来，发现真正的神操作掌控在老徐手中。我们家得到最大改善的，既不是老徐和小丽，也不是我，而是我的奖杯奖牌们。

之前，由于家中房间小，我的奖牌奖杯又巨多，它们只能"委屈"自己，吊挂在家中的荣誉墙上，特别大的奖杯也只能零零散散地放在家中的各个角落里。装修过程中，老徐特别为这些宝贝们留出客厅最亮堂最体面的一个位置，并购买专门放置奖牌的欧式雕花镜框，大大小小的奖牌们都躺在了金丝绒的怀抱里，一一有了专属的位置。他还将最精致的橱柜给了我的水晶球奖杯，让它们在豪华的橱柜中重新焕发十足的霸气。我们家的荣誉墙变成了荣誉小展厅，成为我们家最亮丽的风景，也成为媒体采访和领导慰问时出镜率最高的打卡地。

更令老徐自豪的是，在众多荣誉奖牌和奖杯中间，小展厅又增一大核心亮点，那就是索契冬奥会的银牌。

家庭装修工程真不是可以一蹴而就的。就在反复比较、反复衡量、反复购买、反复退货换货、各种细节反复修修补补的过程中，时间过得飞快，我的赛后假期还没有开始休息，新家的装修工程还没有彻底收尾，归队训练的日子就到了。就好像一年四季春、夏、秋、冬的自动切换，每年的年中六月，我的日子就进入到夏季训练时期。这一次的归队又是一次新的出发，一切都在向着新的冬奥周期——平昌周期开始迈进。

出发前，我去家附近的理发店剪刘海。

为了修剪得更美观，发型师让我先闭一下眼睛，就这么一个瞬间的工夫，我竟然就睡着了，而且打起了小呼噜。

直到被理发师叫醒："姐，你真的很困啊。""是啊。""有那么困吗？"

我的眼皮沉得有些异常，也许真的，有些累了。

Chapter V
第五章

硬着陆

平昌不平常

想死磕，只能硬着陆

小阴天

命运的动静仿佛总是昨日的一种回响。

本命年的轮回尤其如此。12年前的自己刚刚摆脱体操的束缚，12年后的自己似乎又要挣脱些什么。到底是什么？我还未及与自己好好对话，现实场景就从索契的冬日切换到了加拿大魁北克的夏季。

一年中最喜欢的7月就这样过去了。

2014年8月，我们空中技巧队在加拿大开始夏训，象征着一个新的赛季2014—2015赛季，以及新的奥运周期——平昌周期正式开启。

作为加拿大面积最大的一个省，魁北克气候风貌多姿多彩。幸运的是，刚到这里，就碰上了连绵的雨天。虽然是雪上运动员，但如果让我在风天、雪天、雨天三种天气中选择，我会毫不犹豫地选择雨天。是的，我喜欢阴雨天，小阴天尤其是我的最爱。

为什么喜欢小阴天？思来想去，说不出具体的理由。但这种喜爱与内心的微妙情绪贯通。小阴天是温馨的，它会将我从雪上拉回到地面，让我得以闻到脚下泥土的香味。雪上世界，不染纤尘，晶莹剔透，却徒有空蒙虚幻。而雨中的地面却非常真实，泥土的香气悄然翻腾，氤氲缱绻，就好像以地气养元气的养生法一样，每每闻到这种味道，都会感受到它神奇的治愈力。小阴天是温柔的，它只会让我的腿伤隐隐作痛，而不是无法忍受。对于一个平常人，如何与伤痛和疾病相处，是需要慢慢学习的修行，而对于运动员，却是一个与职业生涯同步开启的课题。于青春最好的季节遭遇伤病，在咬牙切齿中度过了孤独的18岁，那时的我甚至幻想有无数个小阴天可以过来拥抱我，哪怕有疼痛相伴，但可以让我有充分的理由什么也不做，去享受一个花季女孩应该有的闲适和倦怠。

小阴天带来的接地气和小倦怠，是我在竞技与生活之间的深呼吸，是我奋斗间隙独享的茶歇时刻。

只是，一种莫名的倦怠感，自2014年的这个雨季浮现之后，在我的心中起起落落，由浅及深，像雨后的迷雾，悄悄弥漫开来。

随着索契冬奥周期进入尾声，中国自由式滑雪空中技巧队也进入更新换代的过渡时期。李妮娜、程爽等老将宣布退役，我已然成为中国自由式滑雪空中技巧女队的重要骨干力量。当被外界和媒体称为新的"空中一姐"时，新晋"索契银牌得主"的身份没有给我带来更高昂的斗志，而是遭遇了职业生涯的艰难时刻。

索契银牌，对于我而言，是2014年职业生涯的巅峰，从上届温哥华冬奥第六名到索契冬奥银牌，这无疑是令人欣喜的提升节奏。但对于空中技巧女队而言，只是又一次冲金未果的"遗憾"。追溯"遗憾"的源头，要从中国自由式滑雪空中技巧女队征战奥运的历史说起。1998年长野冬奥会，中国队徐囡囡获得银牌，这是中国滑雪项目的首枚冬奥会奖牌，实现了历史性的突破。但是，自此，女队的奥运最佳成绩就像被锁定一样，"银牌"成为再也无法突破的坚硬天花板：2006年都灵冬奥会，李妮娜银牌；2010年温哥华冬奥会，李妮娜银牌，郭心心铜牌。如果算上我这块索契冬奥会银牌，已经是第四块冬奥银牌。

面对第四次"遗憾"，主教练纪老师为了增强女队的金牌竞争力，决定推进新的改革措施，那就是"上难度，改技术"。

提起纪老师的爱人，大家都不陌生，她就是为中国女队夺得首枚冬奥会女子滑雪项目银牌的徐囡囡。一个是中国最早的男子空中技巧运动员，一个是中国首批女子空中技巧运动员，夫妇两人的成长历程折射出了一部中国自由式滑雪空中技巧的发展史。纪老师和徐囡囡，一个是我的教练，一个是我的好师姐，他们对我太熟悉了，熟悉到通过空气就能感受到我的状态。

当新一轮的改革开启之后，作为一个中国女队的中生代代表，我明显感觉自己在某些地方不那么适应。纪老师非常敏锐地感知到了这一点，在第一时间与我保持沟通，时刻观察我的适应度，并且给了我一定的自由空间。那时的我就好像一个用惯右手的人，忽然被要求改用左手。虽然教练组在紧张的训练中给我提供了宽松氛围，但我明白：以自己的行动配合新一轮改革，不是被动地去适应，而是主动地去应战，我更需要的是自己跟自己战斗。

但越努力，越无力。这种无力感不断加剧，2015年8月夏训水池赛期间达到了各种失控的地步。每次面对水池，我都感觉身体积聚的肌肉记忆正在衰减和消失，从只敢做简单的动作，到最简单的动作也不敢做，我知道，从心理到生理，自己一定是出了比较严重的问题。严重到我每个夜晚几乎无法入睡，严重到我的体重在直线下降。

我要求救！我想求救！但身边没有心理医生，甚至没有可以让我暴露真实情绪的人。从队友到朋友，大家都习惯了笑容灿烂、斗志昂扬版的桃子，面对我的求救和示弱信号，外界的反馈是如此迟钝。我希望找到这样一个人，即使在我微笑着说"我还好"的时候，他也能察觉得到我的痛苦。但是，这个人究竟在哪里？

于是，我决定主动自救。又一次跳台训练，我的情绪到达不稳定的高点：胆小、敏感、焦虑，站在台子上就是不想跳。出于对自己身体的了解，我知道例假快来了，每次例假来临前一周，往往是我情绪反复的时刻。生理期的特殊状况，再加上失眠的折磨、心理的沮丧，我的生理与心理已然低落到了零点。"我想休息，我想休假"，我真想说出自己的请求。但是，内心一种更强大的求胜欲望再次让我闭嘴。是的，从事竞技运动，赛场如战场，玩的就是你输我赢，要的就是你死我活。要"死"吗？我只能这样自虐似的反问自己。

还能怎么样？只能与自己死磕到底。

2015—2016赛季很快到来了。2015年年末，空中技巧世界杯首站在北京鸟巢举行。虽然本届比赛的消息我早已经知道，但当比赛真正来到我面前的时候，我没有了往昔竞赛前的兴奋，只有心里不断加剧的恐惧。因为，我很清楚自己竞技状况的极度低迷，我已经接近一个月的时间没有系统训练，更别说高难度的三周台动作，连基本的两周台也是间歇式进行。极度焦虑，让我的体重一直在下降，而且是5斤5斤地在往下掉。

从2006年到2015年，历经8个世界杯赛季，毫不夸张，这是我职业生涯最为艰难的一届世界杯。对于外界，对于观众，他们都希望冬奥银牌得主徐梦桃在鸟巢再展雄风，勇夺金牌。对于队友和教练，他们依然看好我，因为同样是在鸟巢，2014—2015赛季我获得了第一名，夺得个人世界杯的第15枚金牌。

"加油，这次一定要卫冕啊！"听着教练的鼓励，我的大脑里一片空白。

这样的空白持续到比赛的两轮之后。前两轮，在完成两个很简单的两周台动作之后，我问自己：是否还要继续第二天的比赛？

面对全场观众的热情期待，面对媒体的热切关注，我做出了职业生涯以来最为艰难的决定：宣布退赛。

我知道观众会有多失望，我知道媒体会有狠话题，我知道同行会有大疑惑。一个纵横世界杯，狂揽水晶球的常胜冠军猛然从第一坠落到第九名，总排名从第一名跌至第二十七名，这中间，到底发生了什么？

是的，从一个4岁起就主动为自己"加菜"的小体操运动员，到省级赛、全国赛、冬运会、亚洲赛、世锦赛、世界杯，乃至国内水池赛，甚至是内部测试赛，几乎没有落下一场比赛的劳模，此时此刻的我竟然却主动退赛，我到底是怎么了？

当我支撑着自己，像逃兵一样躲避到赛场的洗手间，终于不再拼命扮演那个永远的冠军，不再高度紧绷自己的情绪，而是任凭泪水汹涌而出，乃至号啕大哭……

与自己死磕，再也无法继续到底。

2015年12月24日，我申请离队，获得批准。就好像要逃脱什么，我不顾一切地回到了故乡鞍山、回到了久违多时的父母身边。

从鸟巢回到家里的小窝，我终于倦鸟归巢。

"完美"的解脱

走进自己的小窝，崭新且温馨，粉红调搭配欧式风，尚存着索契冬奥之后新装修的气息。住上大高楼，有自己的独立房间，曾是童年可爱桃的梦想，此时此刻，纵然梦想成真，主人却以这样的方式光临新居，竟然有点像逃兵。

面对老徐和小丽满是担心又格外关切的眼神，"我不想跳了，也跳不下去了"，刚回到家，我就和爸妈摊牌了。

"桃子，我们支持你，你是最棒的。"

这是什么话？这是只有我爸和我妈才会说出的鼓励式话语。自小到大，当我走上竞技体育之路，无论发生多好的事，还是多糟的事，他们永远选择站在我的一边，第一反应永远是为我加油、打气。但是，作为他们的女儿，此刻再次收到这句正能量十足的话，我的内心却无力回应，甚至，有意逃避着他们的眼神。

躲回自己的房间，我陷入沉思。回顾自己的职业生涯，从没有这么长时间的倦怠，以前也遭遇过低谷状态，做一些调整，或用一些赛事刺激，就可以突破。但是，这次我用了十八般武艺，每次努力后的结果都是失望，渐渐地我就越来越不敢跳，心中的恐惧也越发加剧。关于这些，我又能和父母说些什么？何况从小到大，我永远是那个报喜不报忧的孩子。

除了爱和我聊赛事，老徐其实是个寡言的人，但我知道，他的内心是个十足的好战分子。即使不看他的眼神，我也能读出他的落寞，看到曾经冲劲十足的女儿如此消极，再想到两年之后的冬奥冲金梦想，沉默的老徐显然是在极力掩饰自己，也在极力帮助我屏蔽掉所有的外界信息。他刻意不开电视机，唯恐我听到 CCTV-5 体育频道的声音。

知父莫若女，我和老徐的默契就在无言之间。即使不看电视，他和我心里都非常清楚，一个多月之后，冰雪运动的又一次国家级盛会——第 13 届新疆冬运会即将拉开帷幕。

实在跳不下去，那我们就玩儿去。小丽妈妈永远有自己解决问题的方法，那就是抓小放大。

"桃子，不是一直说全家游吗，咱们正好一起去南方吧。"这个提议唤醒了我的愧疚。我有多久没有带父母出门旅游了？最近一次的全家游还是在鞍山本地，也只是带着他们匆匆吃了一顿饭我就返回了队里。

正好是元旦新年，正好赋闲在家，正好可以换个方式调整自己。先别提圆奥运梦了，先去圆带父母旅游的梦吧。

我们全家去了上海。登上东方明珠塔，468 米的高度，倏忽之间，让我产生了立于雪山之上的俯冲感。那是一种无比熟悉的感觉，调度的是我的身体对时间和空间迅速而精准的判断。就好像，我即将开启的、惊心动魄的起跳时刻。

那我的着陆点在哪里？上海，还是平昌？此刻，东方明珠塔之上的桃子，第一个闪念不是定位繁华的浦江，而是眺望两年之后的韩国平昌。

不信命也罢，不甘心也罢，比赛在即，我必须重新出发。

是的，倦鸟也是鸟，我需要冒险起飞，需要凭借一次货真价实的大赛再逼自己一下，再与命运赌上一把！

再出发，我没有选择跟从大部队到新疆集训，而是回到另外一个家——沈阳体育学院。自2002年，我就在她的怀抱里成长。与她依偎的时间，甚至多过与自己父母的相处。这14年里，忘不了，滋兰九畹的园丁；忘不了，向阳院里童年的欢笑。无论从前的陵东，还是现在的苏家屯区，感恩母校在每一个金色秋天里，带给我一次又一次的感动，在我青春的记忆里，挥下最美、最纯洁、最五彩斑斓的一笔。它见证了我从12岁的小丫头，成长为26岁大桃子的全部过程，它是我最深的眷恋，最美的家园。

走进校区北门，是羽乓馆，在运动馆一层，是颇具知名度的体能训练中心。2016年，在牛雪松教授的主持和筹建下，这座体能训练中心刚刚开张。一脚踏进去尝新，果然都是世界最先进的设备，长相各异的运动和康复器械可以为运动员提供力量、有氧、平衡、速度、耐力、协调、灵敏、康复等全方位的体能训练。

是的，我永远可以相信沈阳体育学院。它不仅有全国最好的冰雪运动硬件，也有最好的冰雪运动软件。走进这座全国一流的体能训练中心，我心里迅速升温，是一种从头到脚的骄傲，我们不是一个人、一个团队在作战，而是集结全院之力共同战斗。见到牛老师，我很高兴，此时的他担任了中国自由式滑雪空中技巧队体能总教练，沈阳体育学院运动训练学院副院长。在他的建议下，我参与了针对性的体能训练，而没有练习专项。因为从 2015 年 8 月到 2016 年年初，我已经有近 5 个月的时间没有进行过系统训练。

在我眼中，牛教授不仅是一位热爱钻研、业务精湛的专业人士，还是一位有耐心、善倾听的师长。我一边训练，一边与牛老师谈心，压抑在心中的许多话慢慢流淌出来。但是，随着冬运会的开赛日期越来越近，我的心理压力再次骤增。

"我有在冬运会夺金的希望吗？"每次面对牛老师，我一直想问他这个问题。但他的眼神和表情分明在反问我：跳好三周台，才有夺冠的实力，你现在两周台完成得如何？

是啊，已经多久没有系统训练了？已经多久没有跳过三周台了？没有任何人问我，我也不敢问自己。

距离新疆冬运会开幕还有两周左右的时间，我终于提出要去参加。牛老师一脸严肃，说出了自己的反对理由：依据我现在的体能状况，如果参加冬运会做三周台动作，非常容易受伤。

听到他的建议，我虽然失望，但还是坚持己见。面对我的"去意已决"，牛老师又联合我称之为"孟妈"的沈体竞技体校校长孟春媛一起劝阻我。但是，此刻我的内心已经被一种力量控制，它反复在我的耳边低语：冬运会四年一次啊，堪比奥运。你就这样甘心将夺金的机会拱手相让吗？

从教练和校长的视角，他们绝对是爱护我的。但是，从我本人的视角，这次比赛我非比不可。不仅因为它四年一次，如同奥运周期；不仅因为它是重要的国家赛事，奖金丰厚；更重要的是，我想利用新疆冬运会去刺激一下那个停滞的自己，去唤醒一下僵死的肌肉记忆。

凭借着一股透着邪乎的冲劲儿，2016 年 1 月 7 日，我出发前往第 13 届新疆冬运会的赛场——天山天池国际滑雪场。

这是我第三次来新疆。第一次是索契冬奥会前的备战，第二次是参加冬运会测试赛，而这次，总感觉有点不一样，很不一样。

刚一出发，似乎就有一种不平常的预示。飞机上，我的耳朵忽然剧痛无比，按照常识，这种状况与高空气压有关。但是，作为飞行一族，在以前很少有如此严重的情况。也许是来自心理的压力复加了高空气压，才会出现如此悲摧的状况。

好不容易下了飞机，摆脱耳朵疼痛，谁料刚落地新疆，还未倒出两个小时的时差，又遭遇了断崖式降温。我陷入了另外一种悲摧：头疼、流鼻涕、嗓子疼、冻感冒啦！面对身体的状况频出，我非常清楚，这是自己"状态不好"的典型症状。

越被动，越顶风。

每天一边祈祷感冒赶快痊愈，一边算计着决赛日期，赛前训练的时间已经所剩无几。仅有的几次赛前训练，我都像过大关，因为短时间内不仅要恢复自己的状态，还要恢复自己的动作难度。身体严重不适，精神压力同步加大，有好几次我甚至感觉练不下去了。但是，既然我来了，就要全力以赴逼迫自己更投入地去训练，哪怕临时抱佛脚，哪怕抱得非常难堪！

真的可能难堪，它来自外界和媒体对我的格外关注。因为出现在本届冬运会的我顶着两个荣誉：索契冬奥会亚军；2012年届北大壶，也就是上届冬运会自选动作冠军。

但是，这也只是可能，因为我的感觉告知我：你的级别和分量是够的，你只需要全力以赴，再逼自己一把！

可能的难堪加剧着内心的煎熬，就这样煎熬着，等来了自由式滑雪空中技巧个人成年组女子决赛日。

1月21日中午12点，女子比赛正式开始，我身穿8号比赛服出场。

嗯，整个新疆之行，也只有这个号码有些中意。

比赛第一轮，在所有 10 名选手中我第 9 个出发，使用了难度系数为 3.500 的三周台动作，这也是我本赛季首次使用三周台动作比赛。助滑、出发、腾空、翻转一系列动作都感觉不错，可是在着陆时摔倒。许久没有系统训练，猛一投入正式比赛，还是个人空间感把握不准，所以发挥不稳定，落地不稳，造成摔倒。但是，凭借动作的高难度，我依然拿到了 65.45 分，以排名第四的成绩晋级第二轮的 6 人决赛。

进入第二轮，我给自己打气：徐梦桃，只要站住，你就是冠军。

12 点 30 分开始，我第三个出场，选择了 3.800 的高难度动作，难度系数超过首轮。

这一次，我刚出发几秒，就开始出现问题。由于速度不够，造成了腾空高度不够，转体动作仓促完成。就这么一转，我感觉自己的左腿直接给拧折了，着陆后重重地摔倒在地，在我的身体前滚翻的过程中，伤的这只腿被动跟从，顷刻之间，感觉整个左腿肿胀起来，剧痛无比。

跌入雪堆里的我，极力挣扎着想站起来。我知道，现场观众都在看着我，老徐和小丽肯定也在电视机前看着我。我不想让他们担心，我想站起来，甚至要笑给大家看，但是，我是如此无力，那只左腿丝毫不予配合。无奈之下，我只能举手示意，被教练和赛事救护人员用担架抬出比赛场地。

经赛场急救中心初步判断，我的左膝关节后叉韧带损伤。随即，我被送往新疆医科大学第一附属医院做核磁共振检查。送往医院的路途上，我的手机连续作响，我知道是许多朋友队友亲人的问候。此刻躺在担架上的我，竟然产生了一种如释重负的感觉：我，终于解脱了。经受了那么久的倦怠、低落、不甘、抗争、焦虑、煎熬，我终于不用再跳了，终于可以好好休息了……

桃子，依然是桃子，即使是非常时刻，我也不忘自拍。后来，再去翻手机中那个时刻的自拍照，一张面带微笑，一张假扮俏皮，但眼里都含着泪。这两张自拍，真的好像一部网络大游戏的娇蛮女主，这部游戏的名字叫作："完美"解脱。

游戏情节张力十足：一种极具破坏性的力量，像幽灵附体于常胜女主，先是在她的高光时刻露出端倪，继而慢慢夺去她的睡眠、她的斗志，然后悄无声息地完成对她的洗脑，窃取她的所长、她的宝物；待脆弱与焦虑疯长，再去点燃和唤醒她的雄心，用豪赌和自我死磕，最后引发全面的失败和崩溃，从而实现"完美"的解脱。

"完美"的解脱之后，是否一切烦恼和一切忧愁，就永远地 OVER（结束）了？

从赛场到医院，一路之上，我反复地问自己，这个很像终极之问的问题。

大修之年

2016 年 1 月 21 日 14 点 30 分，120 救护车载着一行人到达了新疆医科大学第一附属医院，我被推进核磁共振检查室。一个小时后，核磁共振结束，伤情确认为：左膝关节内侧副韧带前叉后叉都有损伤，但确定不了断裂与否。针对这种情况，需要从新疆尽快转到北京进一步检查和治疗。

由于我刚从赛场下来，肌肉非常紧张，任何人一碰触，我就会疼痛。队医周大夫安慰我说："桃桃，很疼吗？忍一下。"

就好像本能反应，我摇了摇头。

如果说我早熟，熟的催化剂就是"竞技运动"在我人生早期的强势介入。"人生实苦，唯有忍受"，我4岁就懂。从小练体操的孩子，练的就是忍耐力，比的就是承受力。这两个力都具备了，再说提高成绩。

疼吗？忍一下。很疼吗？再忍一下。想哭吗？忍一下就好了。

当我在体操房第一次目睹露出骨头的膝盖；当我亲眼看见鲜血自伤口像自来水一样迸溅；当我在雪山之上完成第一次三周跳，抚摸着全身青紫青紫的皮肤；当我在18岁遭受第一次重创，右膝关节前十字韧带断裂……痛点，不断考验着我的耐受力，始终处于一个不断提升的过程。

奇怪的是，伴随着痛点的逐步提升，我的泪点却不断降低。

"桃子，腿还疼吗？一定很疼吧，别害怕啊。"

当躺在担架上的自己，猛然听见爸爸妈妈的声音，我再也无法抑制，一通大哭惊天动地。原来，从电视直播中，老徐和小丽第一时间获知了我受伤的消息，由于我在比赛，没带手机，他们就打通了教练的电话，直到我被推出核磁共振检查室，他们才电话联系上我。

四天之后，我转院到达北京。刚刚进入北医三院，就见到了提前到达的小丽妈妈。为了照顾好我，她和老徐特别商量，她先行来京，提前安排好我的衣食住行。

再次走进北医三院运动医学科，一种熟悉的感觉扑面而来。护士小姐姐们见到我，都像看到老朋友一样亲切："桃桃，你咋又来啦？"是啊，这已经是我第三次来这里了：第一次是2008年1月10日右腿前交叉韧带手术，第二次是2010年3月4日温哥华冬奥会后右腿取钉。

经过一系列复杂的检查，北医三院出具了同样复杂的影像诊断单：左膝盖前交叉韧带断裂、内侧副韧带扭伤、内侧半月板后角变形、多发骨挫伤、关节积液……同时，确定了主刀医生：北京大学运动医学研究所所长、北医三院运动医学科副主任余家阔教授，手术时间：2月3日。

面对这些自由式滑雪运动创伤专业名词，与伤病交手了那么多年，我知道这次受伤的严重性，但是我能强忍着，佯装轻松。而小丽显然无法轻易承受，她反复地问大夫，反复地让我解释，然后，又反复地责怪自己没有照顾好我，没有尽到一个母亲的责任。

我知道妈妈永远难以忘记2008年，我孤独养伤的那一年。顶着首次伤病和成绩、待遇等多重压力，18岁的小姑娘一个人住院，无亲人在侧；一个人进手术室，无亲人陪护；一个人上厕所，险些摔晕；一个人去食堂，依靠双拐。后来，每次接受采访，每当有记者说起我的首次受伤，小丽妈妈总是心痛不已，内疚不已。这件事不断在妈妈的心中发酵，乃至成了她的心理阴影，无以面对，无法再提。

看见妈妈焦虑不已的表情，我故意和她开玩笑，称呼她为"胖子"，并提醒眼前这位善良温柔又脆弱的"胖子"需要和我一起减肥啦。看见她略微放松，我才稍微轻松。我知道，后天的手术，无论对我，还是对她，都是一次不那么简单的考验。

第一个考验说来就来了。在比较大型、存有风险性的手术前，家属照例要签"术前知情同意书"，拿到这张通知书，小丽显然已经吓坏了。而我，已经顾不上她了，在做好术前准备之后，被护士推进了手术室。

这次手术依然采取的是半麻，和2008年那次手术一样。半麻是否意味着手术不太疼，不需要全部麻醉？绝非这样。

说实话，我最害怕的就是打麻药这个环节。作为从小身体皮实，打针只打疫苗的健康小孩，我对那个粗得像烟囱的针管怕得无以复加，尤其当这么粗的针管扎进我的腰椎，麻药的麻醉度已经远远小于我的心理恐惧度了。

奇怪的是，处于半麻状态的我，手术全程清醒。虽然面前有一块布挡住我的视线，但我意识清楚，分明看见了自己那条被吊起的左腿，不知是被重重消毒，还是涂了药液，它的质地油油的，泛出黄色的光泽，就好像肉摊上常见的，被悬挂在铁钩上的猪肉。

手术终于进入尾声。又一根粗粗的针管来了，又要扎进我的身体。这次不是扎进腰部，而是输液管，扎进自己的手臂，用作手术后的消炎和营养液体的补充。

半麻的手术，等待我的是整夜的疼痛。术后六小时，只能平躺，不能抬头不能垫枕头。也许是注射麻药和手术现场的恐怖场景重新激活了我的痛感神经，半夜时分，我腰疼得睡不着觉，只好服用去痛片。麻药效力渐渐衰减，整个左腿开始疼痛，好像疼痛会传染一样，我的右腿也开始难受，实在有些支撑不下去了，就向医生申请了些杜冷丁。

术后三天，一直在浅层睡眠，折腾不已。在疼痛中睡去，又在疼痛中醒来。

沉没于病痛的漩涡，在新疆受伤后一直思考的那个问题又浮现出来：在"完美"的解脱之后，是否一切烦恼和一切忧愁，就可以永远地结束了？呵呵，解脱了赛场上的争斗，却又陷入了病床上的折磨。

命运的轮回里，可以有终极问题，哪里又有什么终极答案，如果有，也是在坟墓里，或者在病房中。无论你是全国冠军，还是世界冠军，无论你是高官，还是草根，在疾病面前人人平等。渗血、暴汗、排尿、便秘、排气，一个又一个关口，是大手术后要挺过的重重煎熬，哪怕有妈妈的贴身照料，但谁也无法替代我的痛苦。是的，谁痛谁知道，谁的罪谁受。

疼痛还在继续，三四个队友专程到北京来看望我。当他们围着我的病床聊天的时候，我忽然想上厕所。我扭头去喊妈妈，因为连续多日陪床，她已经困得打起了呼噜。

队友们自告奋勇来帮助我，一边有人扶持着我的伤腿，一边是我吃力地拄着单拐。刚走到半路，可能是我用力过猛，手臂上的输液管崩了出来，眼看着许多血从血管里冒出来，从胳膊到腿上都沾染上了血。大家都紧张得大叫，我也以为是腿部的伤口出血了呢，队友们赶快去喊护士，检查后原来是虚惊一场。一番惊吓之后，我的便意也不知道去了哪里。是啊，生而为人，灵魂可以出窍，而肉体无比吃重，术后那些关于"屎尿屁"的日常狼狈也只有自己知道。

来看我的队友中，还有我的师弟王心迪。我们同样来自沈体竞技体校，同样是陈洪斌教练带大的，既是同学又是同门，因他小我5岁，所以在我心中，他一直就是一个小弟弟。

心迪的成长是加速度的，经过十年历练，2016年是他厚积薄发的一年，在本届新疆冬运会上，他和队友们奋力拼搏，荣获了两项优异的成绩：混合团体冠军和个人季军。

直到临走前，他才拿出给我的礼物，着实让我有些意外。礼物不是鲜花，不是美食，而是一件非常时尚的带拉链的牛仔双拼衬衫。

"你乱花这钱干什么，我又不缺衣服"，面对心迪，我总是不由自主露出大姐姐式的口吻。

"是我和吴树迪一起给你挑的，桃姐一定喜欢。"心迪说话永远慢条斯理，但又细腻妥帖。原来，他们去意大利参加比赛，逛街时心迪自己掏腰包，花费了几十欧元，为我精心挑选了这件礼物。

虽然是男生，但印象中，王心迪做事特别用心，也非常有心。平时他会自己做手工送给队友，我曾经收到过他特意为我制作的个人照片小影集。因为在男队员中颜值扛打，我常戏称他"大帅迪"。

心迪走后，拿着这件衬衫，我想起了每次生病，他总是第一个出现在我身边的人。2008年，我从北京回到沈体养伤，以单脚独立的姿态从五楼蹦跳着下到一楼食堂打饭，第一个上来帮忙的就是心迪。记得当时他一脸稚气，跑得飞快，看见受伤的我，看起来比我还紧张。不仅帮我打饭，在我吃完饭后，还帮助我将餐盘收回。当他知道我是专门以这种方式练习身体平衡感之后，又有些不好意思地一笑，那一笑让我有点印象，很暖，又有点坏坏的，好像藏着什么小心机。

队友们潮水一样散去，他们有各自明确的奋斗方向。而我的方向，就是对不确定未来的空想。

每到夜深，病床就好像变作了浮萍。悬浮状态的我，试图到处找我的路，但是，好像漫天的大雪遮蔽了双眼，我怎么也看不清楚。一不小心，坠入了水底，不见水草，不见鱼虾，倒是满眼的雪花状的棉絮向我袭来，它们化作绳索，一层一层包裹住我。

令人窒息的噩梦直接将我吓醒，努力睁开双眼，但又无法动弹，只感觉被纱布重重裹住的棉花腿内里已经起了一层冷汗。

我喜欢解梦，梦的源头总与现实生活有着复杂的牵绊。这个噩梦中的棉花仿佛一种碎片，它来自哪里？难道是查房时间，余主任对我病情的阐述和对我的嘱咐？"梦桃，你的半月板碎片化已经接近70%，我不得不切除。伤这么重，这次手术虽然成功了，但如果再次受伤，就会造成不可逆的结果……"

我常将脚下的雪板称为"枪"，而我的双腿分明就是这件武器的驾驭者和启动者。但因这次重伤，它们变成了棉花腿，被层层捆绑，完全失去了赛场上的威力与能量。

是的，我已经26岁，不是18岁，凭着年轻生猛，可以迅速恢复。2008年1月10日，右膝关节前十字韧带断裂手术之后，在当时康复体系并不完善的情况下，我七个月恢复到专项，是当时空中技巧第一个七个月恢复到专项训练，并且攻克三周台难度，以女子最大动作难度备战2010年温哥华冬奥会的人！并在2009年2月14日收获我第一个世界杯冠军！那么，26岁的这次重创将恢复到哪种程度？不可逆的结果是什么果？难道我真的要因伤退出自己的战场吗？两年之后我的平昌冬奥怎么办呢？

空想不只是抬头想，还可以低头去写。自小坚持写作心情日记和工作日记，我早已具备了用文字梳理自己的能力，躺在病床上无法身动，但不影响我的脑动。

练，还是不练？坚持，还是放弃？

当我的纠结和焦虑伴随着笔尖流淌成为小文，它所起到的作用不仅是写出来，而且是"泄"出来。我积郁在胸中的块垒就这样被一个个真实生动的故事和一个个实实在在的数据迅速稀释和溶解：

2012—2013赛季的我就像今年美国的阿什莉一样，每站比赛都用三周动作比赛，不一样的是今年不只她一个女孩跳三周，而2013年只有我自己六站世界杯全部用三周台比赛，没有任何的速度借鉴。我在没给自己留任何退路的情况下让所有人刮目相看，无论是索契的鹅毛大雪还是美国盐湖城的完美bLdFF，我没有让任何人失望，同时我也为自己建立了更多的自信心。2011—2012，2012—2013两个赛季，我共收获了10站世界杯冠军，平均每年5块金牌，也蝉联了世界杯总冠军。我练自由式滑雪空中技巧的时候12岁，进国家队的时候17岁，今年我26岁，等我腿伤好后就是2017年了，那时我就27岁了。时光荏苒，转眼就不是小孩了，以前看电视上的搏击项目比赛或者网球比赛的时候总是希望弱的那方逆袭强的，人们往往同情弱者，但是又有谁看得到强者之所以强，他们背后又有多少付出呢？在今天之前，队里无论是99年的，还是97年95年的运动员几乎没有在每周两次的30分有氧跑中超过我，不是因为我有多么强，而是我知道那一点点的坚持有多么重要，无论是力量训练，还是技能训练，弹网或者专项训练，我从来没有给自己"松懈"的理由。有人说我满脑子都是训练，也有人告诉我不要太执着奥运冠军……其实恰恰相反，我是最不执着、最能放得下的那个，但唯有偏执狂才能成功。全天下任何事业如果想做到顶尖，都需要这样的偏执。全力以赴只是我的态度，我知道我自己在做什么，我想要什么，我爱什么。空中技巧只是我人生的一部分，纵然它只是我人生的一部分，那它也是最精彩、最绚烂的一部分。那份经过努力而绽放的价值感是没有任何事物可以替代的；那份与对手惺惺相惜的经历也不是所有人都会有的；那份跟团队和教练共同承载的使命感也是这辈子最幸福的事儿之一。肝胆相照，荣辱与共。

用真实而科学的数据故事说服自己，证明自己，这不是纯粹的逻辑自恰，而是新阶段的唤醒自我。真正了解我的人知道，认真、执着、要强、不服输是我，而心大、放得下、开心果、豁达也是我。爱我所爱，努力去爱，可逆的是坚持，不可逆的是生命！

谁也无法确切地告诉我手术之后的未来如何。我能做的就是好好思考一下自己的过去，安顿好现在的一切，在经验中前进，而不是困顿于教训。

为什么我会出现如此漫长的倦怠？

为什么我会失去驾驭三周台的能力？

为什么我没有延续索契银牌的光环效应？

为什么我的关节会再次遭受重创？

我很喜欢知乎的文案：我们都是有问题的人。在问题产生之前，要多问一个问题。这些问题的产生，一定是有问题的。生活永远都会发生问题，但问题在于，这个问题发生之后，我们没有妥善、有效而及时地解决这一个个问题，所以才让它们一个个成为大问题。

问题一：连续作战，欠缺恢复。自 2011 年开始，我连续征战世界杯四个赛季。如果按照奥运周期计，在温哥华冬奥会之后，我不是几乎而是全方位马不停蹄，一直满格战斗到索契周期。2013 年到 2016 年，恰恰是我攻读北京体育大学运动训练学研究生的时期，通过听课、作业和硕士论文写作，我不断加深着对自己所从事运动的专业性了解。过度训练和过度比赛都会导致身体的倦怠，如果不及时调整和恢复，尤其是比赛之间缺少恢复训练，会加剧对运动员的消极影响。运动生理学家迈克·香农将"恢复"称为"隐性训练"或者"沉默训练"，我并没有将书本上的理论运用到实践中，没有在人困马乏的时刻及时进行"恢复"与调整。

问题二：苗头初露，应对不当。索契之前，我的倦怠感就露出端倪，出现"状态不好"的迹象，包括体重下降、睡眠不足。索契之后，银牌加身，我本应该庆祝从冬奥第六名到冬奥亚军的快速提升，但是，我不好的状态并没有改善，而是愈加严重，甚至出现了抑郁倾向，不仅三周台的战斗力大减，慢慢连最基本的两周台动作也不敢跳了。由于缺失心理专业人士的支持和帮助，我将自己的这种状态解读为"缺乏斗志"，继而采取了不当的应对措施。错误的处理方式，进一步加剧了我的心理压力，直接导致了我的鸟巢退赛。

问题三：心存幻想，选择死磕。从休息阶段到重返赛场，近 5 个月时间，我没有进行系统训练，三周台动作训练更是接近停摆。这种情况下，我对自己的竞技状态依然抱有不切实际的幻想，幻想通过一次大赛刺激自己的斗志。于是，我选择与自己死磕，在新疆冬运会赛场冒险完成三周跳，导致我的膝关节再次受到重创。

我所面对的问题，从来不是单纯的问题，而无论问题是复杂还是单纯，都需要我去直面、去处理，然后放下。一路走来的种种经历需要胸怀，胸怀有时候是一种抗压能力，扛过去了，就能看到明天，就能开拓未来。有人说，胸怀是被委屈撑大的，不解释，不申辩，一路前行，胸怀决定高度！

在病床上，我开始用大数据为自己加油，用大数据为自己提供自信。这种自觉的行为，不自觉地与2016年开启的大数据时代实现了美妙的吻合。每一声加油，都不是虚妄的口号，而是来自扎实的数据支撑。我会主动研究国内外的每个竞争对手，关注她们的每一个新动向、新动作。我缺席比赛的这段日子，国家队的现实成绩不那么理想，所以，我就自我催眠似的给自己打气，徐梦桃，你很重要！你的未来很快到来！

在研究自己，用数据说话的路途上，我进入了三年硕士研究生学习生涯的收官之年。非常荣幸，我的研究生导师就是牛雪松老师的博导，中国著名体能专家、北京体育大学王卫星教授。在他的指导下，我的毕业论文主题就是将自身实践与理论相结合，研究和评估平昌周期的自己。在医院的病床上，一边康复，一边网络听课，一边修改论文。2016年6月25日，我顺利获得了北京体育大学运动力学的硕士学位。

脚踏实地，走好人生的每一步，双脚走路，而不是孤注一掷。我信奉这样的信条，我的人生赛场不只在雪上，还在许多许多别的地方。

在北医三院各位专家和护士姐姐的关心下，我的腿伤顺利拆线，终于可以站起来了，接着进入周大夫的工作室完成了初期的康复。数月的精心照料，让小丽妈妈也锻炼成了我的私人按摩师，这也让我们母女二人一起度过了非常难得的相依相伴的时光。

我终于从病床上站起来，投入康复中心训练的同时，就在康复中心的大屏幕电视上，听到了一声响亮的呼唤。它是如此熟悉，因为它来自我最爱的CCTV-5央视体育频道；它是如此懂我，因为它来自最爱我的

CCTV-5 体育频道。

最具体育精神奖获奖者——徐梦桃，她是自由式滑雪空中技巧国家队中年轻的老将。过去的 2015—2016 赛季对徐梦桃来说是一个艰难的赛季，意外的重伤让她遭受打击。乐观的桃子积极地进行康复训练，在休赛期抓紧充实自己，为未来的比赛做好准备。

从冬天到春天，几个月的离队生活让我分外想念我的跳台、我的队友、我的老师。我知道这不仅是外界的呼唤，更是发自我内心的一种呼声。刚进入 5 月，征得医院的同意之后，我迅速办理了出院手续，迫不及待地回到了沈阳体育学院，宣布正式归队。

5 月 8 日，我跟随牛雪松老师奔赴秦皇岛夏训基地，开始了新一轮的体能康复训练。

自由式滑雪空中技巧项目，在夏天的训练方式之一就是"跳水"。运动员伤病后，也经常通过"跳水"来过渡，逐渐适应落在 60° 斜面上的巨大冲击力。早期 13 周康复训练的基础上，针对我的实际身体技能状况和竞赛需求，牛老师特别制定了四个阶段的个性化训练方案。第 1 阶段（14—22 周）训练的主要目标：确保徐梦桃能无痛跑步；最大限度提高力量和灵活性，满足后交叉韧带的要求。第 2 阶段（23—28 周）训练的主要目标：消除徐梦桃对专项运动的恐惧感；提高最大力量和灵活性，满足专项运动要求。第 3 阶段（29—36 周）训练的主要目标：重返专项训练；恢复徐梦桃自信心，敢于完成专项动作；逐步提高动作表现。第 4 阶段（37—42 周）训练的主要目标：为徐梦桃重返冬季专项训练做最后的准备，确保腿部和身体薄弱环节的能力达到专项训练的要求。

牛老师的计划具有强烈的目标感，那就是帮助我提升各项体能，消除对专项运动的恐惧，尽快恢复专项训练。这是一条目标清晰的路，也是一条充满艰辛的路。因为在空中技巧竞技领域,前交叉韧带断裂,能够恢复到巅峰状态的运动员非常少。按照国际上的一些先例,最快也要术后9到10个月才有可能进入专项训练。

个性化的训练方案,意味着我必须独自上场,独自训练。从小,我就在群体训练生活中长大,已经特别适应聚集性的群体生活。如果你问我是否真的喜欢训练,我只能回答说:我喜欢欢乐的训练生活,就是那种和队友们一起合作进行的有张有弛、有说有笑、有泪也有汗的群体生活。但是,这一次康复训练,我真的要告别这种群体生活的习惯,需要仰仗自己的能量,带领自己走完这一段艰苦的旅程。

我的专属训练场地,是一间隐匿在基地田径场看台下的健身房。走进房间,首先冲进我鼻子的是难闻的潮湿味道,用手摸一下杠铃片,是一种又黏又滑的感觉。抬头看看窗口,非常狭小,空气不流通,加上秦皇岛的夏季潮热,将这个空间整得有点像我追过的某剧中某大洋荒岛的一间监狱密室。

密室也好,监狱也罢,这里的氛围真的特别适合一个面壁苦修的人,尤其是我。器材有限,设备简陋,也特别适合我,因为此时此刻的我不再是世界冠军徐梦桃,不再是那个掌握最高难度三周台动作的大美桃,我就是小白桃,普通人徐梦桃。

早上八点半训练,十二点结束;下午两点半开始训练,六点半结束,七点吃饭。每周一到周六,只有周日可以休息一下。我紧密配合牛老师的训练内容,通过平衡能力训练,恢复本体感觉,加强神经肌肉的控制能力,加强有氧及无氧练习强度,提高自己的心肺功能,对易伤部位和薄弱环节进行强化练习。训练恢复治疗期间,我的生活就是四点一线,食堂、理疗室、宿舍、训练馆,根本没有自己的时间。每天训练前,我得准备四件到五件衣服,因为不一会儿衣服就会完全湿透,湿到完全可以拧出水来。

有时，真的想大哭一场，不只是劳累，还有一点绝望。队友们在自己头上的跳台上潇洒起跳，自己却在终日不见阳光的陋室内苦熬。最让我害怕的是，选择坚守之后要面对的一切未知。所有的一切都是未知的，我不知道能恢复到什么样，也不知道遇到什么样的困难可能把我击倒。

有没有应对煎熬的终极方法？有的，还是那三个字：忍一下。

是的，比赛忍耐力，我是如此具有竞争力。为了强化和锻炼肌肉，队里特别购买了新的电击理疗设备，就是将电极片贴在腿上，通过遥控电极片作用于肌肉，以外援的方式强迫肌肉收缩，使肌肉变得强壮。队里领导开玩笑说，如果谁承受999的强度，这台八万块的设备就送谁了。牛老师试了试，他最多能够承受200多；而我是全队第一个承受强度达到999的女队员。牛老师体验后，描述疼痛感"撕心裂肺"一般，第二天腿部还非常疼痛。我的感受则好像是大刑伺候，从头到脚的肌肉要爆炸一样，脚心麻到穿地而入。但正是得益于超强的承受力，通过这台设备赋能，我的腿部肌肉在短时间内变得像石头一样结实。

让我欣慰的是，异常枯燥的三个月，也是希望渐显的三个月。

比如在加速跑和变向跑练习阶段，我从瘸着走到快走，从快走到慢跑，从慢跑到可以跑三圈，从跑三圈到可以跑五圈，再到慢慢可以跑3000米，这种小进步在一点点激励着我，帮助我在坚持和忍耐中全方位提升自己的体能，为专项训练积蓄更多更强的能量。

三个月的苦修体能，终于等来了专项训练。8月中旬，我随队去了美国，参与了19堂水池训练课。

恢复专项训练伊始，我真切地感受到新伤带给我的新考验。由于左腿外侧半月板被切除近70%，只剩30%左右，导致膝关节没有了缓冲，加之手术时植入钢钉，因此每一次落地都会产生剧痛。我知道，在美国只有 19 堂课，我想每天都跳，但是我的腿不允许，我只能跳两天，然后歇一天，如果连续坚持三天，我的半月板会剧痛，整条腿会随之肿胀。而每一天的难度都在提高，这对我的心理和能力都是考验。

每一次站上跳台，恐惧都会随之而来。消除心魔的过程，是我不断与自己对话的过程。"桃子，你可以的，别人受伤，10 个月才有可能练专项，而你 7 个月就可以。下面这个动作是你最擅长的，哪怕你现在已经不知道它怎么跳了。当你滑出去，你就闭着眼睛往下滑，你都会做。数据证明你已经用这个动作拿过十站世界杯冠军了。它是你最拿手的动作，所以你要相信它，你要信任它。"

最初，我的内心有两个声音在交战，一个说害怕、不行；一个说你很强大。逐渐地，前一个声音越来越弱。我知道，行动是治愈恐惧的最佳良药。我用行动突破内心最恐惧的声音，信心不断增强，就在不断突破的过程中，那个好战又善战的徐梦桃渐渐回来了。

10 月 7 日队内测试赛，我大声跟自己说："徐梦桃，你行的！"动作完成后，我仰天大叫一声，桃式咆哮重现江湖。因为，这一跳，我完成了自己最大难度的三周台动作。

每次登台，就好像要与自己决战，心理战和技术战同时进行，非常艰难，但又无比扎实。虽然只有 19 堂课，但能在前交叉韧带术后 7 个月恢复到自己三周台的最大难度，我之前真的不敢想象！

这成功的一跳，仿佛宣言一般，开启了我的归来之旅。

11 月 13 日，在左膝关节手术完成后 9 个月零 10 天，我在阿尔山完成了术后的第一堂雪上跳台课。从水上三周台到雪上三周台，我以这样的方式，宣布自己正式归来。

12 月 17 日，左膝关节手术后十个半月，我在北大壶获得新赛季首站世界杯冠军。这是我在经历了漫长又艰苦的康复后首次回归赛场！

是我在阔别2014—2015赛季后整整两年再次取得世界杯冠军！是我第17个个人世界杯冠军，也是我第20枚世界杯金牌！我以这样的方式宣布自己"王者归来"。

2016年，对于我来说，是千回百转、百味杂陈的一年。从年初的"解脱"、年中的康复，再到年末的夺冠，渴望中的大休，变成了大修：身体上的修复加心理上的修复。这样的历程，对于26岁的桃子来说，命运所揭示出的，都是高度浓缩版的人生真相。

关于运动员的伤痛，央视主持人张斌老师有段话让我记忆深刻：苦和痛永远是自己的，只有胜利才能让人有耐心听你讲种种不易。零存整取的一次飞跃，至少让未来有了更多的可能性，继续搏下去。

炼狱一样的手术现场，魔鬼一样的体能康复和专项训练，膝盖上的伤口依然鲜嫩夺目，肩膀上杠铃压出的血条触目惊心，手腕上的紫斑变黑斑，手上的老茧添新茧。没有打倒你的，终将让你变得更强大。道理谁都懂，可前提是，你必须有毅力挺过这一切身与心的折磨，才有可能成长为超强悍的人类。

10个月的人间历练，鬼知道我经历了什么。

但是，有人一定知道！

仿佛是在回报我对央视体育频道"滔滔不绝"之情谊，北大壶比赛现场，我最需要人间正能量鼓励的时刻，央视体育频道的两位主任千里迢迢，自北京专程赶来，为我颁发了"最具体育精神奖"的大奖杯。我知道，体育频道的背后，是千千万万个热心观众对我的支持。感恩有你，感恩有你们，让我在这段冰雪奇缘的故事中继续做梦想的主角！

桃桃，为了你爱的人，为了爱你的人，搏下去！

不是你哭，就是我哭

"战胜伤痛"是多么不靠谱的一种表达，在描述我们运动员的文章中随处可见。"伤痛"就好像一个怪物，战胜它之后，"伤痛"就自动灭绝了。

我面对依次展开的2016—2017、2017—2018赛季，"战胜伤痛"成为比"战胜对手"更难搞的事情。伤痛是什么？战胜是什么？我很想用自己的语言去说清楚，但是生活中能言善辩的自己，却不知如何准确地描述它。如果我特别想让大家知道我有多疼，就会自拍一下非常状态的腿部关节，发到微博上，直接用图片说话。

娜姐就是娜姐，作为我的偶像，李娜的自传《独自上场》伴随我整个手术和康复周期，成为我的枕边读物。她在"伤痛"一节中的描述让我特别感同身受。因为膝盖严重受损，她在德国完成了微创手术。手术第三天，医生需要把插在她腿上的管子拔出来。"他事先警告过我会有点疼，但真下手拔的时候，我还是瞬间疼出来一身冷汗——那种感觉就像生生从你身体里抽出一根骨头似的。拔完管子，我足足休息两个小时，才慢慢缓过来。"

我几乎是倒吸着凉气读完这一节的，甚至"传染"到我的腿也开始疼。回忆自己的康复训练阶段，娜姐让我们看懂了"战胜伤痛"到底是一个什么样的过程。"训练中，体能教练哈纳斯不时要求我'蹲低点''再低点'，可是我的右半边身子无论如何都低不下去，感觉上，那好像不是我的腿，而是另外一个什么人的。你拼了命地想把这个计划做好，可它的状况又不允许你努力。那种感觉真令人绝望。我心里特别着急，很想做好，但右腿一用力就痛……而这时距离8月8日奥运会开幕只有四个月的时间了！"

相比身体上的痛，让娜姐更有压力的是奥运周期的逼近。对于2017年的我来说，"奥运"同样是我需要直面的一个关键时间，因为距离平昌奥运只有一年的时间了！

对于职业运动员，伤痛与时间的博弈，其激烈程度在奥运周期达到顶点。尤其是运动性创伤，它是不可逆的，只要发生，就是一生。但是，一生能有几回搏！我们愿意为此付出非凡的努力，不是用蛮力战胜伤痛，而是学习与伤痛对抗式相处。经过多次手术，我的半月板大部分被切除，关节没有了缓冲，腿里的钉子要到平昌冬奥会之后才能取出，一遭遇阴冷的天气，或者训练着陆时用力，整个腿就会肿胀，而且反复不已。连续发作的痛感就好像腿里的钉子，显示着异常顽固的存在。过分重视它的存在，一定会裹住我的前进步伐；过分忽视它的存在，又一定会再次遭受病痛折磨。所以，当我的重生之路伴随着密集的赛事路线图陆续展开，这注定是一段含泪奔跑的日子。

2016—2017赛季世界杯北大壶首站冠军，是我的起点，而且是一个非常理想的起点，我希望通过自己的奋斗延续这种理想状态。当然，这也只是理想。

我受伤康复的两年时间里，中国队的成绩不算亮眼，而国外的对手们从来没有停止前进的步伐。康复后国外首站比赛——美国鹿谷站，我就遇到了一个和我很相似的对手：澳大利亚运动员丹妮尔·斯科特。她与我是同龄人，背景也很相似，都是练体操出身，也是十几岁才开始接触自由式滑雪空中技巧。这么多相似，非常适合做朋友，但是，做对手才能碰撞出更剧烈的火花。2016—2017赛季世界杯分站赛美国站之前，丹妮尔总积分第一，比我多了80分。这真的是一个不容忽视的积分差距，我只能一站一站夺分。美国站比赛，我取得第3名，丹妮尔第12名，这一次就缩短差距38分。韩国平昌站我是冠军，反超她18分。白俄罗斯站，丹妮尔又反超我2分。终于战斗到了年度总决赛莫斯科站，为了在半决赛超过我，丹妮尔提前采用了决赛动作，最后时刻她的动作完成质量很高，没想到着陆时摔倒了。当时莫斯科下着大雪，视线不好，我反复告诫自己调整情绪，做到稳准狠三个字，最终得以安全着陆，但是，因为着陆时太过用力而拉伤了后背。尽管受伤，我仍很欣慰，连续对决，决斗时刻终于战胜丹妮尔，夺走了年度总冠军的水晶球奖杯。

2017年3月5日晚9点20分，世界杯莫斯科站比赛结束。回到酒店，简单收拾一下，10点20分，我登上了飞机，奔赴下一个赛场——西班牙格拉纳达，2017世界锦标赛即将在这里开幕。腿伤之上再添背伤，为了不影响比赛，我只能让队医连续针灸治疗，因比赛强度太大，背肌来不及恢复就再次受损，所以疼痛感日益加大，无奈之下，我吃着止痛片完成了比赛，获得了本届世锦赛铜牌。这是我的第五次世锦赛之旅：自2009年在日本首获世锦赛银牌、2011年美国世锦赛银牌、2013年挪威世锦赛金牌、2015年奥地利世锦赛铜牌，到今天西班牙世锦赛再获铜牌，我以"1金+2银+2铜"5枚奖牌成为该项目世锦赛历史上获得奖牌最多的选手。

虽然成为又一个世界范围内的"第一人"，但是回望整个赛季，世界杯韩国平昌站的冠军对于我来说，具有更深远的价值和意义。正如我与丹妮尔"你死我活"的比拼，沉寂了那么久，我太需要竞技元素的加持，也太需要胜利给予的刺激，尤其是来自2018冬奥会所在地——平昌的加冕。

2017年2月12日，在韩国平昌冬奥会倒计时一周年之际，我在平昌斩获了个人第 18 枚世界杯金牌，也是我手术一年之后获得的首个世界杯冠军。

虽然是世界杯的一个分站赛，但因比赛的场地是明年平昌冬奥会的正式比赛场地，所以这次比赛便成为平昌冬奥会的测试赛。我能感受到各方对这次测试赛的重视，因为各路高手悉数到场。参赛选手有两项重要工作需要提前完成：一是对场地的适应，二是对大赛临场心态的调整。

我站在平昌起跳台那一刻，就把它当成奥运会来比。同时我也在提示自己，以稳取胜，毕竟冬奥会将至，一定要努力避免伤病。所以，我选择以更稳妥的两周台动作取胜。

平昌，虽然是第一次来，但第一眼就喜欢上它。作为无星（五星的调侃说辞）吃货，我与一个城市的情感连接点就是美食，平昌可以深度满足我的味蕾。真的很喜欢韩国的小食和烧烤、毛豆豆奶、香蕉牛奶、沙冰、大酱汤，还有烤鱿鱼、韩式烤肉。这里的烧烤类美食，与我家烧烤的配料都很相似，尤其是香煎五花肉，竟然与老徐的手艺有得一比。

吃得适应，玩得也好。我和心迪一起坐地铁逛了首尔的明洞和江原道。自 2016 年和心迪成为训练搭档后，在与他的接触中，越发感觉他是一个特别认真、特别用心的人，不只是逛街时帮我拿包，吃饭时帮我端餐盘这些小事，更重要的是我们训练时彼此帮助，互相成就，更显老友一般的默契。毫不夸张，在我的影响和帮助下，他的比赛成绩稳步提升，在 2016—2017 赛季国际雪联自由式滑雪空中技巧世界杯第二站男子组个人比赛中，心迪以 111.51 分的成绩获得季军。接着，在世界杯第六站男子组个人比赛中，心迪以 118.14 分的成绩收获运动生涯首个世界杯分站赛冠军。

我相信，平昌会是我的福地，也希望今天我在这里播撒下希望的种子，明年冬奥会上，我、心迪以及中国队都能在这里收获最丰满的果实！

视平昌为我的福地，已然在心理上占上"地利"之便，这是平昌测试赛对我起到的积极作用。那么"人和"呢，我相信"人和"也是需要我努力去打出来的！

2017年五四青年节，我成为《中国青年》的封面人物。配合着我冲下雪道的潇洒形象，封面标题也是拼了：不是你哭，就是我哭，你哭吧！

通往平昌的拼搏之路上，我是那个含泪奔跑的桃小棒，也希望能在平昌含泪大笑，笑到最后。

"拼自己·拼对手·拼平昌"是中国国家队平昌周期的冲奥口号，九个字，字字如小锤子打着每个队员的心，很幸运，我是第一个被它敲中的人。为什么？哈，这句话的原创者就是桃子本尊。总结出这九个字，我真的是有感而发，因己而发。

从病床上、轮椅上站起来，再到阿尔山北大壶"战"起来，这是一段"拼自己"的孤独历程。当我终于可以在国外的对手面前争金夺银，重燃雄心，少有人知道我的高难动作来自骨头与骨头之间的摩擦。每次训练，动作稍微剧烈，关节间的啪啪声就会像音乐一样成为我的工作BGM（背景音乐）。复出不易，重生更难，我珍惜归来后的每一次训练，从陆上、水上到雪上，从沈阳体育学院体能训练到秦皇岛、美国盐湖城夏训再到阿尔山冬训，每一个阶段每一项训练内容我都保质保量完成。"我要成为一个大满贯运动员！我要拿奥运金牌！"每天日常训练前，我都会对自己重复一下这两句誓言。

但是，自己的身体自己最了解。虽然整个赛季我是那个没有缺席一次比赛，也从未下过领奖台的强人，但训练时腿部疼痛不时发作，限制着我在三周台训练环节提升难度和稳定度的进程和效果。有记者询问我的伤势恢复情况，我坦言：自己腿部的伤势和竞技的状态仅恢复了五成。但无论恢复的程度如何，我永远是那个最能坚持、最能拼自己的桃小棒。

说到"坚持",我也是很有发言权的那一个。"拼自己·拼对手·拼平昌"并非本人创作的第一次被采用的冲奥文案。早在2009年,首次参加冬奥(温哥华冬奥会),我就参加了国家队发起的口号征集活动。先是匿名投稿,每人各写一句话,然后再投票产生最终的版本。当看到自己的作品脱颖而出,被高高地悬挂在北京体育大学田径训练馆的最显眼处,我就好像拿了金牌一样亢奋。当时,我创作的那句口号是"成功与失败的距离,只在于最后的一点点坚持"。好棒啊,文案高手桃小棒,你的心声总能击中更多同行者的心灵,所以,敢于拼自己的人,才能够走得更远,才能去拼对手、拼平昌。

随着平昌冬奥会的日益临近,2017—2018世界杯赛季如火如荼,凭借分站赛两冠两亚的稳定表现,我第四次加冕空中技巧单项赛季总冠军。最令我欣喜的是,我的三周台动作重新恢复了强势的竞争力。

2018年1月12日,在美国盐湖城,我取得世界杯分站赛冠军。这是时隔整整五年后的第一站用三周台动作打下的世界杯冠军;这是2016年新疆冬运会左腿膝关节前交叉韧带断裂、外侧半月板切除近70%后的三周台首演;这是自2010年温哥华冬奥会后时隔八年再次使用FFF参赛,并取得该动作世界女子最高分114.21;这是我人生中第一次在赛季中使用这套动作组合,这次半决赛中的FTF动作是我的"荧幕"处女作102.75分!这是我2017—2018赛季世界杯首枚金牌,同时也是我个人第19枚世界杯金牌,第23个世界杯冠军(世界杯混团4枚)。

拼自己,拼对手。对手,是成就你的另一双手,我喜欢与她们竞争,也喜欢与她们共享胜利。平昌冬奥会前夕,在普莱西德湖站举行了最后两站世界杯。在这里,我看到了最为齐整的平昌冬奥女子决赛天团的阵容:温哥华冬奥会冠军、36岁的澳大利亚老将莉迪亚·拉希拉,崇礼站夺得冠军的白俄罗斯选手汉娜·胡什科娃,2015年世锦赛冠军澳大利亚名将劳拉·皮尔，2017年世锦赛冠军美国选手阿什莉·卡德维尔，六朝冬奥元老、索契冬奥会冠军白俄罗斯的苏佩尔等名将。

经过这两个赛季，白俄罗斯选手汉娜·胡什科娃让我印象深刻。这位有着个性十足"狮文身"的女孩，虽然不是逢赛必到，但只要出手，总是不凡，她是那种具有天赋的选手，能够端得住自由式滑雪空中技巧这个具有极大风险性的饭碗。

有老将，有新秀，有即将退役的，有正强势崛起的。无论新旧，资深还是年轻，她们都是自由式滑雪空中技巧赛事江湖上的大佬。老将不老，新秀闪亮，让我感觉到平昌冬奥会，将会是不平常的一届。

对手在这里，我的自信依旧。因为两个赛季的数据会说话：我才是那个实力夺金的人。两个赛季总冠军，世锦赛铜牌，五座水晶球奖杯老亮老亮了，"黄马褂"一件件金光灿灿，简直会闪瞎对手的眼睛，哈哈哈！

毫无疑问，平昌冬奥会，我是最大的夺金热门。这个热度，不带一点水分。不了解我伤病的人，会进行一个简单的推理：温哥华冬奥第六名→索契冬奥银牌→平昌冬奥金牌；了解我的伤病及近况的人，会和我一样，利用近两个赛季的数据做出推理：金牌、银牌、铜牌，各种奖牌显示出我的状态已经到达巅峰，蹦一下就能拿到金牌。

无论面对哪一种推理，我都非常认同。我自己也有一个简单而感性的逻辑：这块金牌，轮也该轮到我了吧。从4岁就开始为奥运梦做准备动作，24年的泪水、汗水和鲜血都在为这一刻翻腾和咆哮：拼平昌，拿回那一块早该属于你的奥运金牌！

我想象着自己夺冠之后的情景，提前准备好了获奖感言，甚至胜利后的比赛手势，甚至谋划再一个四年之后我的告别仪式……

出征平昌前，面对腾讯体育记者，我展望那一属于我的荣耀转身："等到北京2022年冬奥会，我想要一个盛大的退役仪式，在家乡父老面前，在鲜花掌声中，和职业生涯说再见。"

从逻辑到数据，从理性到感性，都在重复着同样的结论。拥有世界第一难度动作，总积分世界排名第一，第三次出战冬奥会。有了难度，有了经验，也有了好状态，我与冬奥冠军之间的距离看起来已是"无限近"。

随着平昌冬奥开幕的时间无限近，我的这种动机感和目标感也在无限增强。

刚刚抵达平昌，我们就在凤凰雪上公园开始训练，当时隔壁场地正在举行单板滑雪坡面障碍技巧颁奖仪式，看到获奖者挥舞鲜花和奖牌的那一刻，我忽然泪目。是的，我是如此渴望拥有自己的胜利时刻，尤其是在奥运赛场，无论我如何煽情地阐述，都无法倾情表达我对奥运金牌的渴慕，我只能用我的泪水，用我滚烫的泪水。

平昌，确实不平常。首次训练，我们就遭遇了大风天，有的选手选择停止训练，有的选手为了安全只进行两周台的练习，但我却依旧坚定地从三周台开始练习，而且带头第一个试跳。我完成之后，中国队的姑娘们才开始了自己的训练。教练提议保守一些，但我坚定地告诉教练："我什么都不怕，这届冬奥会我不是来参与比赛的，我是来拼金牌的，我必须要适应这个场地、这个跳台，我要打有准备的仗。"

平昌赛制，比索契又有变化，晋级规则依据单轮成绩排名，发挥有小失误，都会即刻淘汰。一如预期，我在资格赛轻松晋级，澳大利亚老将拉希拉以及美国选手、世锦赛冠军卡尔德维尔都止步资格赛第二轮。此刻，我无比强烈地感受到：又一次"拼金牌"的好机会来了。

空中技巧女子组决赛开始前，整个中国代表团在平昌还没有金牌入账，我期待自己能够为中国队首开纪录，也希望像在微博上与网友们互动一样，在全体中国观众的见证和支持下，激励自己顺利实现这个夺金梦想！去往决赛赛场的大巴上，我在微信朋友圈写下了这样一段文字：

"今天是中国的大年初一，也是我的冬奥会决赛。四年里的所有付出和努力，我相信桃小棒一定会打好这场硬仗，因为只有我最知道在披荆斩棘的道路上你是如何走过每一个不平凡的'训练日'。竞技体育是残酷的，但也是公平的，它让强者更强，让价值绽放！2018年2月16日的韩国平昌冬奥会没有眼泪，只有全力以赴专注演出的徐梦桃。今天不为中国代表团夺得首金，我退役！"

这条朋友圈表明我"置自己于死地"的决心，本意就是为了提振自己的士气，缘由来自心中为国夺金的汹涌激情，也有一部分出自小女孩的神秘心理暗示。

2018年1月19日，平昌冬奥会前最后一站世界杯比赛，我与汉娜·胡什科娃成为冠亚军争夺者。在与她对决之前，为了激励自己，我就提前发送了一条朋友圈：不夺冠，就不吃饭！结果那天，我如愿以偿拿到了金牌。所以，平昌冬奥会决赛前夕，我想依然按照这个套路，也发一个朋友圈，也发一个誓言，激励自己再次成功夺金。

但是，当我和汉娜真正站在平昌的决赛场上，事实并没有按照我预定的套路进行。

2月16日晚上7点，自由式滑雪空中技巧女子决赛在凤凰雪上公园举行。12名选手进入决赛，按照新赛制，决赛共进行3轮，每轮淘汰3人，奖牌会在最后的6人中产生。

由于我排名世界第一，根据资格赛倒数排名，在决赛第一轮，我第10个出场，依然从三周台起跳，我选择的是难度系数3.500的bLTF动作，即向后直体翻腾1周，接团身翻腾1周，接直体翻腾1周转体360°，这个动作我的完成度比较理想，得分91分。随后出场的是汉娜·胡什科娃，她选择了和我同样难度的动作，但是得分比我高出3.15分，我以第二名的身份顺利晋级。

在进入第二轮的 9 人中，我与汉娜是仅有的两名采用三周台的选手。

决赛第二轮开始，只要我不出现重大失误，就会进入最后 6 人的决赛圈。这一轮我选用了更大难度、系数为 3.750 的 bFTF 三周台动作（Back/Full-Tuck-Full，即向后直体翻腾 1 周转体 360°，接团身翻腾 1 周，接直体翻腾 1 周转体 360°）。没想到，这个昔日成功率很高的动作却异常开启，从起滑点出发时，我就感觉自己通向了一条"死路"。由于从出发点到起跳台没能达到理想的速度，我在腾空时就已确信自己很难完成动作，结果第三周未及翻转完成，就仓促落地，先是头着地，接着因为失去重心而在着陆坡上做了一个前滚翻，整个人狼狈翻滚着，最后被迫跌停在雪道上。

按照自由式滑雪空中技巧评分规则，着陆的质量占据总分的 30%。尤其着陆时的前滚翻动作是致命的，就像后来行内人的评价，这是"一次真正意义上的失败"。着陆翻滚到终点的十几秒钟，我经历了人生中最漫长、最煎熬、最难堪的时刻，有一句心里独白在反复低语："完了，没有人比我摔得更惨了。"

从这一刻起，就知道自己已经被彻底淘汰，但我还是心存侥幸尴尬地站在那里，等自己的分数。就在等分的时间，2016 和 2017 两年艰苦备战的一幕一幕像过电影一样历历在目，不忍回忆过去，更不敢面对现实。

分数终于出炉：79.25 分，这是一个垫底的分数。想了一万次，也没有想过四年是这样的收官，从此，不平常的平昌冬奥赛场，与我再无任何关联。

此刻，我很想大哭一场，但是我已经说过"平昌没有眼泪"，只能竭力忍住。此刻，我很想就地消失，就像动漫中的雪地变色龙，秒没。但是，当我看到媒体区的记者朋友，又于心不忍。他们在寒冷的风中等了一晚上，需要我的配合才能完成本职工作。于是，我迈着铅一样沉重的步伐，走到了他们面前。

"太慢了，就是速度太慢了……真的太慢了"，我在镜头前反复解释着自己失败的原因。就在这个时候，拉希拉忽然出现在混采区，先是拥抱了我，然后对着记者的镜头伸出大拇指连续说了三遍：She is champion! She is champion! She is champion!（她就是冠军！）

又是拉希拉，八年前，在温哥华冬奥决赛现场，我们曾紧紧相拥。看到这位澳大利亚老将，没有谁比她更了解我此刻的崩溃，我忍不住掩面而泣。自由式滑雪空中技巧就好像一位魅力十足又性格无常的爱人，瞬间助你登顶巅峰，瞬间踢你跌落地狱。我和拉希拉同场竞技三个奥运周期，这位曾经的温哥华冬奥冠军，在平昌竟然没有进入决赛就被出局，平昌，是她职业生涯的最后一届冬奥会。

拉希拉虽然憾别平昌，但她也无甚遗憾，因为她曾经登顶冬奥。我呢，这已经是我第三个冬奥周期，24年苦心奋斗，我又得到了什么？我的结局为什么会是这样？

"四年之后，北京冬奥会，我们还会看到你吗？"

每个奥运周期都会有记者提到这个问题。八年前，19岁的我在温哥华回答：四年之后，看我的！四年前，23岁的我在索契回答：再给我四年！此刻，27岁的我，应该如何回答？

"回国先做手术，做完手术康复之后再说，现在我的腿依旧非常疼"，我快速回答完记者们的追问。为了避免影响其他队友的比赛，也是为了逃避媒体和现场观众的关注，我像逃跑一样，灰溜溜地回到了中国队专门的更衣室和休息室。

如果去年的平昌测试赛就是正式的冬奥比赛，该多好啊！但是，这只是小女孩的幻想，你拿的那块平昌金牌不是平昌冬奥金牌。

如果我今天改跳两周台呢，也许我会进入决赛，拿到一块奖牌。但是，我要的不是奖牌，甚至不是银牌，而是金牌。

如果我跃起时的速度能够再快一点，等待我的，或许是另一个结局。此刻，我一定也是那位挥舞花束和金牌的幸运儿，升中华人民共和国国旗，奏中华人民共和国国歌。但是，平昌冬奥冠军是汉娜·胡什科娃，全场响起的是白俄罗斯的国家主旋律。

世界上哪有什么如果，只有现实中的结果。越胡思乱想，越黯然神伤。于是，想起鞍山家中的父母，他们应该是被许多人围着收看直播，有领导，有邻居，有他们的好朋友，看到自己的女儿结局如此狼狈，老徐和小丽该如何应对？

于是，拨通了他们的电话。电话中传来的背景声，竟然与我此刻的赛场声音完全相同，如此逼真，如此同步，我断定这一定不是电视直播，而是来自现场。难道他们来平昌了？不可能吧，但直觉又告诉我，他们一定在距离我不远的地方。

还没等他们说话，情绪正处于最低谷的我就直接对着他们嚷嚷开了："你们是不是来平昌了？这个时候你俩来平昌干啥呀？你俩搁这儿有意义吗？大过年的钱都给你俩了，让你俩在家里好好地稳稳当当看电视。现在难受不？大老远的异国他乡看我比赛，结果摔了，在现场好受吗？"

父母听我一顿说之后，才解释给我听。原来是央视13套通过广告商赞助全程的方式，邀请我父母来平昌观赛的。老徐和小丽听说是有赞助，既可以出国又可以见到我，且对方又答应一切都会悄悄进行，绝不会告诉我，也绝不会影响我比赛，看到对方如此真诚，他们才就答应的。

我一年到头在国内国外比赛，父母来现场观赛的次数很少，我也很少主动邀请他们。一个是我担心他们的身体，尤其是老徐，心脏不好，一看我比赛，特别爱紧张；还有一个原因，就是我不想给任何人落下口实，认为是由于父母在现场观赛影响了我的正常发挥。尤其是在当下，我在平昌出现重大失误的这个敏感时刻。

"赶快告诉负责你们行程的人，你俩赶快回国吧，越快越好！"

"女儿啊，不要伤心。我们听你的话，我和你妈明天就回沈阳。"

老徐永远是最了解我的人，不多言不埋怨，只用实际行动来减轻我的压力。

当一大通话说完之后，才发现自己是多么自私与无礼。我只顾发泄，只顾责怪他们，撂下电话才想起，今天是大年初一，老徐的生日，我信誓旦旦说了多次，一定以奥运金牌作为礼物献给老爸。但是，我送给他的却是眼泪、失望和担心。他们首次出国，就目睹我最难堪的失败，这一切，这一幕，对于引领我走上竞技之路，以奥运金牌为最高目标的好战分子老徐来说，所受的打击一点儿也不逊于我，甚至更加难以接受。

父母是世界上最无条件、最无私地爱我的两个人。回看比赛实况，我失败出局之际，老徐接受了央视记者的采访，他的一席话让我感受到了一位父亲有着多么不平常的小爱与大爱，对女儿和她从事的运动有着多么不平常的理解：

"我叫徐学君，徐梦桃是我的女儿。4岁我让她练体操，12岁桃桃转练自由式滑雪空中技巧，加速、飞翔、空翻、落地，十几秒就决定一个运动员的生与死，胜和败。桃受了很多伤，2016年新疆冬运会，受伤最严重，左腿的半月板切除了70%，桃在雪面上被担架抬走，腿里打了钢钉，很痛苦。参加三届奥运会了，带着伤，我女儿尽力了……"

整段访谈，老徐的眼中始终含着泪水，显示出一位父亲和男人应有的克制与尊严。但是，当我听到他的最后这几句，心中的疼痛远远大于身上的伤痛。

"我的女儿，已经第16个年头没有和我们一起过春节了。虽然是在赛场上远远地瞅着孩子，但对于我们全家来说，也算是团聚了，虽然说这次奖牌没拿到，但付出这些努力，比奖牌更重要。女儿是最棒的，在哪里跌倒，在哪里爬起来，她不会放弃的！"

为了奥运梦奔波16年，全家人从未曾一起过年。本应该是一家人欢天喜地在平昌"餐聚"，却因为我的惨败而成了一场"惨聚"。

我曾经许诺以奥运金牌给老徐作为生日礼物，我曾经许诺平昌冬奥会之后带父母去海南旅游，这些诺言，现在都去了哪里？

我对父母的食言，他们可以无条件原谅。那个决赛前在朋友圈发下的誓言，远没那么容易被遗忘。

没想到，"徐梦桃失误"竟然一夜之间上了热搜，起因就是那条"不为中国代表团夺得首金，我退役"的朋友圈，这条原本只是用来激励自己的微信，却莫名地在社交媒体上广为传播。跳台之下的我，从未想到会有别有用心的"朋友"截图，也未料想到这条微信朋友圈会掀起如此大的声浪。

"一路走好，退役吧。""走好，不送！""金牌就这样摔没了！""说好的退役呢？""在哪天退役，静等消息。"

我理解他们，他们当中，一定有很多喜欢我的人，越喜欢、越重视，才会越伤心、越失望，越会说出极端的话语。

看着他们的评论，我也在想着和他们一样的问题：退，还是不退？

退？2017年我已经留在母校，成为一名教工，可以当教练，做老师，培养下一代。不退？今年这么好的一个状态下都拿不了金牌，四年之后，32岁，我还有多大的夺金可能性？

温哥华冬奥第六名，原因在于"实力不够"；索契冬奥银牌，原因在于"状态不好"。平昌冬奥,因为什么?缺失地利,缺失人和,还是缺失天时?

地利:我视平昌为我的"福地"。

人和:预赛阶段,那些狠角色就出局了。

那么,因为缺少了天时?

难道我要将自己的起跳速度慢归结于一种"天时"——风太大的原因?这真的不是一个可以乱开玩笑的问题。由于四面没有山和其他遮挡,凤凰雪上公园比赛场地的风特别大。但是,哪一场比赛又曾风平浪静?自由式滑雪空中技巧本来就是具有极大不确定性的室外运动,如果风大,风向不稳定,我们需要做的就是从准备的那一刻起,集中全力,抓住最好的风向和风速时机起跳。同样是面对平昌的大风,汉娜、拉希拉,还有我,三人各自的比赛结果又是多么不同。

比赛之后,看到坊间的热评,其中新华社的一篇评论让我印象深刻——《空中技巧为何总是擦"金"而过?失金并非时运不济》。

复盘平昌失利,我有责任反思,经过一夜一夜的痛苦思考,我才懂得,这个问题要真正解决,并不是出出汗、红红脸就可以,而是需要洗心革面,完成一场真正意义上的"手术"。

我人生中的第四次手术——腿部取钉,是首次以全麻的方式进行的。我被推出手术室,在麻药的余威中哆哆嗦嗦醒来,看见了最爱的小丽妈妈、我的15年的铁磁闺蜜刘佳宇,还有亲密搭档王心迪。

感恩有他们,陪伴我在狼狈时刻负重前行。

如果可以站起来,真想给他们鞠一躬。我如何回报他们的爱、耐心、理解与关切?

是啊,桃小棒,这算什么?与病痛对抗了一年,终于涅槃重生;平昌一战,我重新跌落凡间,重回病床,而且失败得那么彻底,姿势那么难堪。

这一刻，有内疚，有委屈，有沮丧，有伤心，更有不甘心。平昌决赛失利那一夜积攒多日的泪水再也关不住，桃式瀑布一下子倾泻而下……

这是"一次真正意义的失败"之后一次真正意义上的哭泣。

不是你哭，就是我哭。平昌，我如此爱你，而你却让我哭泣。

Chapter VI

第六章

好赛分子

我与奥运冠军只差一个 24 小时

那就是成为"24 小时运动员"

吃点甜的，很有必要

真正地从内心告别平昌，我必须感谢那片已经离开我的大脚趾盖。

2018年2月，刚从平昌返回沈阳，我就迫不及待地去训练，落地的时候没落好，整个大脚趾盖直接掀开了，状况之惨烈，吓得队友们绕过医务室，将我直接送到了急救中心。因为创面实在太大，已经失去保守治疗的价值，医生只好直接给拔了下来。

彼时，我正陷于"退役"话题的舆论风口，情绪极差，训练是唯一可以让自己静下来的方法。看着曾是我身体的一部分，陪伴我日夜翻转，如今被虐得血肉模糊的脚趾盖，我发热的脑袋，忽然冷了下来。

是它，以万箭穿心的方式告诉我：钢钉是钢打的；而徐梦桃，你就是一肉体凡胎。

这一份冷，是一种心冷：自己，是不是真的就没有冬奥冠军命？

中国有句古话，再一再二不再三，我都三了，已经出格了，还要继续吗？这个被连根拔起的大脚趾盖是否是冥冥之中的一种暗示，我的冬奥梦就此将要彻底完结？

2018年2月25日，平昌冬奥会落幕的一刻，我在微博上写下这样一段话，罕见地流露出脆弱的一面：

这是我十六年来从事空中技巧赛后心情最难消化、最难平复的一次！失望、眼泪、无眠、委屈……羡慕身边好朋友们在赛场上拿出自己的实力获得优异表现的同时又替自己的提前离场感到可惜。

回头看看术后努力康复奋斗的自己，再想想自己这两年所有的呐喊和每一次将恐惧化作信念的支撑！我拼搏过，努力过，争取过，奋斗过，坚持过……这几天静下来偷偷地想：这届这么好的状态和这么系统的备战都比得如此不堪，我真的不敢期待四年后32岁的我还是否有"机会"为祖国争光。

是的，请让满满正能量的我脆弱一下下。

即使我很外向，也极少直接流露自己的脆弱，这似乎与性格无关，而与从事的运动和职业相关。就好像我的隐忍是我的挡箭牌一样，欲戴其冠，必承其重。我有了那么多顶"冠"，"重"却一直不知如何减持。尤其是索契冬奥会之后，徘徊于漫长却顽固的低谷期，我依然是将"坚持一下，奋斗四年，死磕到底"高举高打的那个人，正如我引用过的那句话："我学着咽下一大段话和所有情绪，只用'嗯'表达我所有的想法。"

嗯，即使我在平昌失利之夜绝望至极，即使我是那个最需要安慰的人，但心里冒出的第一个想法仍是不要让他人担心。被摔得七零八落之后，仅一小时，我就发布微信朋友圈，懂事的样子让我自己也有些心疼：

"想了一万次，也没有想过四年是这样的收官，全力以赴没有遗憾。祝贺我的队友取得佳绩！大家不用担心我，我很好！"

我很好，请放心。

我真的好吗？我分明那么不好，而且，已经不好了那么久。

十几岁我就抱着《哈佛家训》在赛场谋生：谋奖牌，谋银牌，再谋金牌。随着我的加速成长，来自家训的鸡汤式精神营养，显然已经远远不够。迷茫时也会搬来运动心理学相关教材，队里有时也会请来心理专家给我们做个讲座。但这些好像都无法给予我实质而及时的帮助，我仍然是以摸着石头过河的自助方式走过一段又一段奋斗之路。撞到绕不过去的"大石头",无助时刻是真的无助,最无助的是来自外界对我的误读,我被视为失去斗志、心理脆弱的问题分子。

我的问题绝非个人问题,它的普遍性在运动员群体有着可怕的蔓延。也正是在2018年,NBA(美国职业篮球联赛)球员凯文·乐福在《球员论坛》发表文章,描述了自己的恐慌症。他的一句话让我深有共鸣,"心理健康不只是运动员的课题,你谋生的方式不能定义你的身份,这是所有人的课题"。

有更惊人的数据在表明,心理问题在运动员,尤其是顶级运动员中高比例存在,但又被周围的声音刻意掩盖。在众人看来,运动员应该有超人的意志,心理问题只属于普通人。如果一个运动员承认自己有心理问题,他所要冒的风险有可能是职业生涯的结束,尤其是女性运动员。自助的路途上,我对此感受得越发强烈,就越发期待身边出现心理学专业人士的援助。

有一个身影,终于出现。那是在2017年年末,平昌冬奥会前夕,在阿尔山冬训基地,来了一位具有特别身份的女士。据说,她是专门为国家宇航员提供心理指导的老师,名字叫王峻,她有一个特别的TITLE(身份标识):心理教练。

我是一个敏感的人,几乎对所有和心理相关的知识都很感兴趣,从小到大,每次队里举办心理讲座,我都是那个最积极的参与者。为了避免影响运动员的训练状态,心理测试的结果并不告知我们,而是由王峻老师与队领导直接交流,从心理层面提供辅助,以优化队伍中每一名队员的训练效果。

但是,这一次"画树"的心理测试,意外唤醒了我的记忆。

王峻老师并没有给我们开设什么讲座,而是让我们在餐厅团坐在一起，每人发一张白纸和一支铅笔，然后完成一个任务：画一棵树。

树？什么树？她没有过多的言辞，我也不好多嘴。就简单思考了一下，依据自己的潜意识，很快画出了那棵树：一棵外观平常的树，只是树枝上挂满了两样东西——金钱和苹果。

嗯，苹果。它几乎是忽然从脑子里跳出来的。但是，它到底来自哪里？

在我们家最早的铁皮屋里、简陋的货架上，最常见的水果就是苹果；7岁时，在长春体校，家里每月给我15元零花钱，每天5毛钱，刚够从水果摊买一个中等品相的苹果；12岁，在辽宁省队，队里每月发补给票，我会拿着三张票，去小卖部兑换一捧(有五六个)大大的苹果。

单一而乏味的训练岁月，苹果，是一个甜蜜的存在。是它，用日常的甜蜜缓释着职业的硬冷。也许是从小到大吃了太多，如今，苹果已经成为我最不喜欢吃的水果，没有之一。当然，这不是苹果的罪过，每次拿起苹果，我就好像要日日训练同一个动作一样，单调得令我绝望。

我的甜蜜食单上，有一个具有恒久魅力的心头好——巧克力。

作为运动分子，老徐深知巧克力的独特功能，那就是让人兴奋，提供能量，可以帮助我拿到好成绩。因为家里经济条件所限，我只能偶尔吃到。相当长的一段时间内，老徐能提供给我的最好零食只能是苹果。当我逐渐长大，我的零食中有了更多的巧克力，不仅有黑巧、牛奶巧，还有进口的三角巧。小丽妈妈知道我爱吃巧克力，给我准备的零食中几乎都包含了巧克力元素，巧克力口味的夹心饼干和巧克力口味的奶糖。有一次，巧克力被来串门的小弟吃了，回家发现后我自是一番号啕大哭。成年后，在全世界赛场转来转去，落地后第一个寻找的伴手礼，就是巧克力。无论是美国昂贵的黑巧克力，还是北欧纯正的牛奶巧克力，都不能让我忘怀妈妈最早给买的代可可脂巧克力，虽然它们大多是"90后"集体记忆里的国产巧克力。

一直到今天，每日训练完毕，我仍是常常嘴里含着糖或巧克力才可以沉沉睡去……

我是个护食的小孩，捍卫着我的甜蜜特权。吃完餐饭，最后总会来一些甜点，只有这样，我才会感觉这顿饭是完整的。如果你打开我的大背包，里面总有各种甜食，哪怕是几颗大枣，我也会有一份内心的妥帖与安全感。苹果，或者巧克力，更像一个命运的隐喻，让我看到了我的热爱里有着另外一份狂热。它是一种心理代偿和平衡物，让我在多个人生赛道上期待成为生动鲜活的"全人桃"，而不是片面单一的"冠军桃"。

"全人"并非完美的人，而是"身、心、灵"协调发展的人，它可使人了解自身的问题。从"了解自己，关心自己"到"了解别人，关心别人"，建立一种相互依存的人我关系。从"你好吗"到"我好吗"，在"知彼解己"的过程中，对"我"的内涵以及外延不断有着更加明晰的认识。

在每一个体系之中，每一个"我"都在与另外一个"我"交战，正是通过不同的"我"的彼此作用，维持着整个体系的平衡。这个平衡的"我"，也只有平衡的"我"，融入全方位的"我"才是快乐的"我"。

运动员不能吃甜，就好像运动员不能有心理问题一样怪诞。我是个含泪奔跑的人，也希望自己是一个含着糖奔跑的人，只有这样，我才会平衡，我才会快乐。

吃点甜的，很有必要。因为，还有很长的路去跑，很多的梦去做。

无论巅峰还是低谷，我皆是以全人之全心爱着我的自由式滑雪空中技巧运动，是全方位的热爱，让我12岁就义无反顾地投入她的怀抱里，16年不离不弃，再未分开。

我相信一切都是蝴蝶效应。在我念念不忘又犹疑彷徨的时刻，命运深处早已发出冥冥之中的回响。

2017年12月15日，2022年北京冬奥会向全球正式发布会徽"冬梦"。

此刻，我正在北京冬奥会未来的赛场——崇礼云顶滑雪场，参加自由式滑雪空中技巧世界杯分站赛。老徐用微信把会徽图案发给我，我一看，冬梦！我的名字里就有一个梦字啊，徐梦桃嘛！我感觉这个会徽的寓意太好了！

我的冬梦，我的冬奥梦。距离你的核心地带越近，越感觉更大的风雪在加持。告别平昌，我需要更加强韧的内心和更加强悍的体能去承受，去消受，才有可能去享受属于自己的这一个冬梦。

2018年，我成为国家队队长，成为中国冰雪运动推广大使，也成为那个不一样的女孩。

当年12月，一档针对都市女性的感情治愈系真人秀《送100位女孩回家》邀请我做嘉宾，主持人丁丁张出现在我们的冬训基地阿尔山。

这是一个原生态的跟访节目，呈现出的也是原生态的自己，我不再是那个坚强的女冠军，而是张罗队友生日的队长、精于购物的时尚达人、句句带梗的综艺咖、爱睡白雪公主图案被褥的"软妹子"、床头永远悬挂国旗的有信仰的年轻人。

丁丁张是一个很容易让人放松下来的对话者，我很喜欢与他交谈。其中有一段话，我认为自己说得非常不错：

世间有这样一个逻辑，一个运动员只有拿到大满贯，人生才算圆满。平昌之后，我反而没有了恐惧，这样大的比赛，你都摔过来了，还怕什么啊。因为失败了才释然，自己是因为热爱而练，我期待自己有很好的表现，但不是说一定要有很好的表现。我变得轻松起来，"平凡是生命的底色"，我感觉说得太对了。只有把平凡的一天过好了，才不平凡。

命运的赛道上，不只通往金牌，还有"金帝"，或"德芙"。不是所有的难题都可以通过努力去解决，也不是所有的困难喊一声"加油"便可减轻。在最黑暗的时刻，带着苹果和巧克力，坚持跑下去，跑着，跑着，天自然就亮了。

送100位女孩回家。"回家"，这个词很好，家是归宿，心灵的归宿。告别平昌，"回家"对我意味着什么？

想起正值低谷的2016年，我被网易论坛邀请，去做网易"有态度"专题演讲。我为自己撰写的演讲稿的题目是《不忘初心，无惧前行》。

初心是什么？就是无数次出发时刻那个最平凡的我。草根之心，肉体凡胎，但是，这颗平凡之心，永远向着不平凡跳动，为了实现命运的翻转，朝着心中的梦想不停地翻转。

我是努力型的长期主义者，向着心中的归宿——初心，无惧前行！

如何做到真正的"无惧"？那应该是一个不再与自己死磕的桃桃，不再死拼自己的桃桃。我要做一个不一样的桃桃，一个可以流泪，可以脆弱，可以倾诉，可以吃糖的桃桃，可以有更多主动选择权的桃桃。

在一个灿烂的午后，我到达北京。打车来到航天城，坐到了王峻老师的面前。

"王老师，我要重新出发了，我需要您的帮助。"

这句话并不突兀，阿尔山匆匆一见，我们虽然只是简短的接触，但已结下"靴"之盟。当王峻老师出现在阿尔山，冰天雪地间，见她身材瘦弱，衣衫单薄，我毫不犹豫地拿出刚买的粉色靴子将她的双足包裹，从她的眼神里，我看到了一种隐秘而丰沛的能量。

彼此取暖，信任无价。

正如《送100位女孩回家》的故事诠释：不一样的你，很好。告别平昌，我要让自己不一样：敢于承担责任，也敢于流露脆弱；乐观进取，放松心态，积极寻求心理支持和援助。我希望那个不一样的女孩，在北京周期可以创造不一样的未来。因为做好平凡，才会不凡。

重新登临雪山，索道原来是那么好的时光穿梭机，它引领我慢慢脱离凡尘的纠葛,缓缓跃升到澄澈的天空里,这里,承载着我最伟大的梦想——冬梦。

愿 2022 年北京冬奥会有"冬梦",也有"梦桃"。

超帅的日程表

我的 2018,是令人崩溃又引以为傲的一年。

岁月明暗,悲喜交集,恰似人的双面性格,魅力呈现的时刻总有酷点闪现。于我而言,这个酷,到底是引我"傲娇",还是令我痛苦?

这还是人的腿吗?植入钉子、取出钉子、切开、缝合、上碘酒、贴创可贴、上碘酒、贴创可贴……这不是小埋汰孩儿吗?!当我经历人生的第四次大手术,对比梦想中那一双挺拔纤细的大长腿,我真的不忍卒看自己的伤腿:各种显性和隐性的变形,各种大大小小的伤疤。才 28 岁的女孩啊,感觉自己也是有刀疤的女人了……

战斗者的伤疤,在记者和作家的笔下,会被赞美为勋章。它会让我想起战争片中的场景,一个战士炫耀自己曾打过多少硬仗,会扒开衣服让人去数身上有几个伤疤。每次听到"勋章"这样的说辞,我都会替这位战士心疼一下,并深度理解他的自豪感。这是一种和"勋章"无关的自豪感,它来自内心的超酷体验,代表着一种对信仰的忠诚和对胜利的热爱。我又何尝不是这样?我也会通过微博平台让公众看见我的伤疤,但它所指向的不是什么勋章,而是代表着我心中不灭的火焰。伤痛无法将其打败,泪水无法将其浇灭。

崩溃,自不必再说。傲,真的需要认真说一说。

有一种爱笑的女孩酷起来连她自己都害怕。生就双面性格，有时，另外一个版本的自己会让我感觉陌生，认真起来的那个桃桃让我自己都害怕。"认真的你好美"——当我为自己加油，我真的不是喊空洞的口号，而是由衷地敬佩另外一个自己。

一面是崩溃不堪的自己，一面是重整山河的自己。与漫长的竞技生涯面对面，多少次我都被生生割裂，又多少次我都会完好如初。陪伴我一次次归来的，是那个爱臭美爱流泪的大美桃，是那个被三次半麻一次全麻手术折磨得体无完肤的桃小棒，带着那颗骄傲的初心一次次复活的，永远是那个勇敢的自己。

有些勇气让人敬畏，有些勇气看起来就普普通通。可是不管哪种，都是在心里犹豫了一千遍才敢迈出的一步。当你真正拥有勇气去做一件事情时，就意味着你能够坦然面对。对于我来说，敢于"食言"，与敢于"放言"一样，完成这两件事都需要勇气，只不过，前者需要令人敬畏的勇气，后者需要普通的勇气。就在这个纠结与挣扎的过程中，令我骄傲的是，我越来越能够坦然地面对。

内心的坦然让我认真地骄傲了一次。

当我和爸爸妈妈小心翼翼地将家中所有的奖牌和奖杯一个一个拿下来，一一打包好，再一件一件依次摆在摄影师面前的时候，他的表情和眼神分明是难以置信，"不愧是世界冠军啊，这简直可以开一个展览会了！"面对他人的羡慕和点赞，老徐给予了骄傲的回应："我们家桃桃从小就叫徐冠军！"

完全不必谦虚，"徐冠军"的鼎鼎大名真的不是浪得虚名！

市级金牌→省级金牌→全国金牌，证明了我的冠军之路是人间正道，一步一个脚印，从冠军走向冠军；

瑞士世界青年锦标赛金牌，证明了我17岁就成为世界冠军；

莫斯科世界杯金牌，证明了我 19 岁就成为世界杯冠军；

挪威世界锦标赛金牌，证明了我 23 岁就成为世锦赛冠军；

五届世锦赛奖牌，证明了我是世界上拥有自由式滑雪空中技巧项目世锦赛奖牌最多的人；

五个赛季的世界杯奖牌，见证了我是世界杯分站赛上的超级劳模，证明了在自由式滑雪空中技巧领域，我是获得世界杯冠军数量最多的人。

还有，我的五座水晶球奖杯，是国际雪联给予我王者地位的官方认可。每一座都是用血和汗一站一站拼来的，它们以高度的含金量证明我是拥有世界杯总冠军数量最多的人。

唯一的一块冬奥会奖牌——索契冬奥银牌，证明了我拥有着中国女队征战冬奥的最高荣誉；当然，是截至 2018 年。

在冠军之路上只顾奔跑，我很少去打量和亲近征程之中收获的这些骄傲。它们，好像珍贵的藏品一样，被爸爸妈妈保存于家中的镜框里，放置在家中的柜子中。而作为真正的主人，真的欠自己一个幸福的模样，因为我从未亲近过自己的宝藏，也从未真正享受过拼搏带来的福利。直到此时此刻，借着和爸爸妈妈一起拍写真的时机，我与它们一一对视和对话，就好像在回溯自己的体育人生。

"老爸，这么多奖牌，您最喜欢哪一块啊？"我问了老徐一个从来没有问过，但已然有标准答案的问题。"当然是 07 年这一块，你的第一个青年锦标赛世界冠军。"哦？竟然不是那个标准答案——奥运奖牌，我心中有些错愕。身为好战分子，老徐并没有唯奥运奖牌至上，而是更看重具有纪念意义的青春起点。爸爸的选择，让我低估了他的格局，也给我上了生动一课，又深入启发我认真思考：什么才是真正的体育精神？什么样的人才会成为真正的冠军？成为冠军的目的又是什么？

幸福，是奋斗出来的，但幸福不是获得多少荣誉，赢得多少奖牌，而是在奋斗过程中收获的非凡见识，历练出的一个人看待得失的平常心境。生活本就充满了失望，不是所有的等待都能够如愿以偿，而真正的英雄，真正的冠军，即使认识到失望的必然性，依然能够勇敢地去追逐自己的梦想。

幸运的是，为梦想拼搏的道路上，爸爸妈妈与我一起共担苦乐，给予我无私的支持和及时的点拨。他们以行动告诉我，低谷处不低估自己，高峰时不高看自己。向往金牌，但金牌不是一切。享受金牌，但为金牌而拼搏的精神更值得骄傲。

在摄影师的镜头前，我将爸爸妈妈连同我的奖牌奖杯一一拥入怀中，他们都是我的心肝宝贝，他们都是我心中最大的骄傲。

仿佛老天都在配合着我的激情内心戏，我的北京周期在"最"节奏中拉开了大幕，而且是两个"最"。

一个是最快。3月14日，我完成了平昌冬奥会之后第四次手术；8月11日，我就在秦皇岛训练基地开启了双腿手术后的第一堂专项课。从手术到恢复训练不到5个月的时间。

一个是最早。9月3日，自由式滑雪空中技巧国家集训队正式成立。距离上届冬奥结束不到半年，新的国家队就组建而成，这个组队时间在历年之中无疑是最早的。

组队仪式上，我以队员代表的身份，完成了《勇做雪上先锋，实现人生价值》的演讲。从平昌周期切换到北京周期，仿佛是在一夜之间。

迅速启动"战斗模式"，成为最早一批归队训练的人，我的目的很明确。一个是归队之后不自觉地就会在饮食、作息、训练态度上变得很系统，没有办法让自己懈怠。二是新的外教来了，我需要以最快的速度与他完成磨合，顺利实现北京周期我们之间的默契合作。

步入北京周期的首个赛季，空中技巧国家集训队的教练团队迎来了新的成员——美籍俄罗斯裔教练迪米特里·卡乌诺夫和加拿大教练丹尼斯·卡皮西克。前者担任主教练，后者主要负责技术指导。迪米特里·卡乌诺夫从事滑雪项目已经有40多年的时间，在自由式滑雪空中技巧领域是德高望重的前辈，此前在加拿大、美国和俄罗斯都有执教经历，他的高徒阿什莉·卡尔德维尔是我的老对手，也是老朋友。

初见这位有着一头灰色卷发，笑容有些腼腆的老先生，我的第一感觉就告诉自己，我们之间肯定会开启一场美好的合作。

自"索契周期"以来，国家队教练团队一直处于"全华班"的状态，没有聘请外教。但是，我并非第一次与外教合作。早在温哥华周期，我就接触了两位较早执教中国队的加拿大教练，因为训练中的一个小故事，外教达斯汀给我留下了难忘的印象。

温哥华冬奥会前夕，我们在加拿大展开夏训，练习水池跳台。因为年轻，在完成一个三周台的高难度动作时，我没有掌握好动作要领，整个身子直接砸进了水里。因为用力过猛，速度过快，一瞬间，心脏仿佛骤停。当我捂着胸口，再次返回跳台，身体上巨大的难受让我蜷缩在那里，不敢再继续训练。

"桃桃，加油！你要相信自己。"达斯汀忽然出现在我身边，刚才他也在台下啊！原来，细心的他发现我的非常状况之后，以最快的速度攀登了100多个阶梯，来到我的身边进行安慰和鼓励，并根据我刚才的跳台动作，给我详细讲解了正确的动作要领。

看到他的表情、听到他的语气，我的紧张和难受一下子得到了缓解，心里忽然踏实了很多。细致观察，善于表达，积极鼓励，人性关怀，这是外教达斯汀带给我不一样的感受与感动。

幸运的是，我的直觉并没有错。与达斯汀相比，迪米特里·卡乌诺夫更善于观察我的情绪，并会给予及时的回应。

"桃桃，你怎么不开心了？"

他在暗中观察我，看我是什么性格；我也在观察他，看他的执教风格。你喊我"桃桃"，我投桃报李，直呼教练大人为"迪马"。

和迪马合作，我有自己的优势，那就是英语口语。虽然迪马的口音中混杂着美式英语与俄语尾音，但我与他的沟通不存在任何障碍。每次世界杯赛事结束，国外媒体往往会专门找到我访谈，因为我与他们之间的沟通不需要翻译。

许多人会非常好奇，我的英语口语表达能力来自临时抱佛脚式的突击学习，还是本来就有的英语功底？当然，是后者。作为自小天天向上的小孩儿，从小学到中学我好好学习的始终是英语，尤其是口语成绩一直优秀。每次出国比赛和训练，我都会抓住各种机会，与不同的老外沟通，努力提高自己的英语对话能力。与迪马合作，就是与他的团队合作，我会利用每天的就餐时间和外教们用英语沟通，就我训练时的感受、我的特长和缺点以及状态不好的原因等等，与对方进行广泛的交流。逾越语言的屏障，借由充分的表达，双方的距离不断在拉近，我和迪马以及他的团队很快成为工作伙伴和朋友的紧密关系。

如果说天气是自由式滑雪空中技巧运动的不可控因素，在我看来，有时比这些更不可控的是"团队配合"。一个人再优秀，一个人练得再好，也不一定能成功，最后的结果一定取决于团队和你的配合度。这也是经历三届冬奥周期之后，我总结出的一条重要经验。要让教练团队成为支持我的一份力量，而不是需要我去克服的一种力量。

2018—2019新的赛季愈加临近，我亟须克服的依然是腿伤与技术动作的磨合。自己本赛季的目标是恢复，首先从一周台起步训练，经历夏训和冬训，在迪马的指导下，2018年11月底，我基本找回了两周台的全部难度，最高难度系数达到3.525。

我相信，自己的难度储备已经可以参加世界杯比赛了，本赛季我将征战世界杯全部 5 个分站赛，已做好朝着自己的第 21 枚世界杯金牌发起冲击的准备。

拿到新的赛季日程表，我直呼：太帅啦！

别人追剧，我追赛。好赛分子的真面目暴露无遗。

追赛的感觉真的好极了，拿到赛程表，看到每个代表国家和地名的单词，我都异常兴奋，就好像演员即将登上一个陌生的舞台，期待、兴奋与忐忑各种交织。想到即将与各国对手们展开彼此竞争，又惺惺相惜地对决，从技术环节到心理战术，赛场上时时充满悬念的内心戏让我特别享受。

雪季一到，我们比赛的春天就到来了！追逐着风雪的脚步，跨越美国、俄罗斯、白俄罗斯、中国，新赛季跨年大战于 2018 年 12 月 15 日正式开启。

2019 年 1 月 20 日，美国普莱西德湖站，冠军；

2019 年 2 月 24 日，白俄罗斯明斯克站，冠军；

2019 年 3 月 3 日，中国长春莲花山站，冠军。

五站三冠，媒体以"王者，从未离开"这样的字眼总结我的新赛季。而在我的战绩清单上，这并非傲人的战绩，不值得大书特书。但是，最后一站，对于中国，对于我都有着特别的意义。

长春莲花山站，既是本赛季的最后一站，也是本届世界杯的总决赛一站，也是国际雪联首次在中国举办自由式滑雪空中技巧世界杯总决赛。值得骄傲的是，作为中国运动员，我在祖国的赛场上实现了三连冠，连续三年获得世界杯年度总冠军！

说起莲花山，还有一个"最"。2009—2010 世界杯赛季，正是在这里，我完成了自己的最高难度动作 4.175。这是自由式滑雪空中技巧历史上第一次在女子比赛中使用并且成功完成的高难度动作。

从2009年到2019年，十年挑战不停息，我的历史在流转，世界杯赛依然在跨年，赛场上的选手也从最大1973年的"70后"跨越到最小2003年的"00后"。虽然胜利一次比一次难，过程一次比一次艰辛，所剩的运动生涯也一次比一次少，但是，看到身边年轻的运动员在崛起，身为国家队队长的我，分外珍惜和队友们并肩作战的经历，更加珍惜每一次有她们陪伴自己参赛的机会。

伴随着超帅的日程表，与年轻的力量们一起成长，我希望自己的心灵变得更加轻盈，更加放松，以超帅的姿态征战北京周期。

2019年3月，刚刚脱下比赛服摘下头盔，我就出现在央视体育频道张斌老师"风云会"的演播室里。从温哥华、索契到平昌，他一直是那个关注我，我也关注他的传媒人士。

这是平昌失利之后我们首次对话。重提平昌，张斌老师的表情比我想象中的更焦虑，而我的表现一定比他想象中的要放松：

摔了之后我啥都不怕了，奥运会我都摔了个第9，我还害怕啥啊，啥赛都是小赛！

三届冬奥周期，我和队友都会打卡他的节目演播室。我所走过的冬奥之路，他称得上一位重要的见证者和资深的评论者。一句反问，他将话题再次推向了冬奥：

你觉得这是命吗？

我的回答依旧延续着"放松"风格：

上几届我都拿不了，这一届我也不想拿了，我只想拼了。你问我想拿吗？想拿。没有人不想拿奥运冠军，我就告诉自己，在北京冬奥会，你能将那三跳跳完就可以了。

张斌真是耳毒的人，直接抓住我说出的那个"拼"字，继续追问我。

这个"拼了"是什么意思？

一个可以为冠军搏命的人怎么可能在失败的谷底躺平，呼应着张斌老师的敏锐发现，我的回答走出了表面的放松，袒露了自己真诚的反思：

你一定不具备绝对的成功率，你的技术动作不具备绝对的成功率。我今天跳两周为什么不用拼了？两周台动作对于其他选手，也是拿奥运奖牌的动作啊，为什么对于我来讲，不是要去拼的动作？因为我的自信度在 85% 左右，如果我正常发挥的话，哪怕我跳得不好，我能保证我能够站住。你现在让我跳三周台，你问我是否有这样高的把握？我说我没有，说明什么？徐梦桃，你在三周台，还是欠练！

一席谈话，十年反思，两字箴言。

没有谁能够随随便便成功，每一个可以看得见的成功，都好像鸭子划水，局外人只会看到成功者的气定神闲，却无法了解水面之下它的双蹼在永不放弃地拼命划动。

为什么我有资格和能力去享受世界杯，为什么我无法真正地去享受奥运？

欠练。

去练！只有练到了，想要的一切，自然都会来到。

三十而练

当自己被称为"老将"，是什么时候？

应该是在索契冬奥会之后，彼时的我刚刚 24 岁，已然是标准的老将了。这并不奇怪，在自由式滑雪空中技巧领域，对于女子三周台运动员而言，27岁就是一个应该退役的年龄。

当自己成为"老将"，是什么时候？

进入北京周期，我就奔向"三十而立"了。不，应该是"三十而练"。我要在新一轮的冬奥周期通过"练"去创造两个"最"：年龄最大，成绩最好。

"苦心人天不负"是我的口头禅，我知道通往北京冬奥的路有多难。一路成长到成熟，我始终认为吃苦是最容易的事，但是，一个成熟的苦心人不能只是埋头苦练，否则，有很多苦终究会白吃的。

进入北京周期，新老交替成为中国空中技巧队的最大特点。周遭的一切都在变化，从新外教到新生代队友，乃至训练条件和时代背景。而我的新变化，是一个身份的变化，那就是从一个单打独斗的队员成为带领着一众人马的国家队队长。

亚利桑那州立大学教育学博士迈克·贝克特尔在《高难度对话》一书中指出：从原生家庭，我们继承了"沟通工具箱"，它仿佛一种"默认装置"。从后天的成长中，我们又逐步打造着这个箱子。这个过程中，我们要主动寻找新工具和新技能，而不是陷在默认装置的窠臼中，启动"选择机制"去掌握更多高效沟通的工具和技能，去升级自己的"沟通工具箱"。

原来我所擅长的沟通力，是与自我对话的能力。成为队长，我的沟通力就需要通过练习去升级，提升我与他人的沟通力，尤其是我与外教迪马的沟通、交流与配合。完善这种沟通力不仅有助于自身进步，更是在为年轻的队员提供一种示范和榜样作用。无论是作为老队员，还是国家队队长，自己有义务做好中国运动员与外教之间的"沟通桥梁"，证明我们和外教们一定能配合得很好。

相比其他运动项目，教练员在自由式滑雪空中技巧项目训练中发挥的主导作用更加明显，他们和运动员需要从语言交流、状态调整及彼此配合等各方面进行一段长时间的磨合。好在自己提前行动，在第一个赛季就与外教团队及时完成了初步的预热和初始阶段的沟通。

北京周期第一个赛季向第二个赛季过渡的时期，正是我从两周台向三周台转变的时期。面对训练的压力和腿伤的发作，我选择不疾不徐的行进方式，一切以健康为大为原则，在自己能够承受的范围内进行训练。与此同时，我会将自己的想法、观点和方案主动与迪马及外教团队沟通，使得双方能够在彼此理解的和谐氛围里展开训练工作。

"刚才感觉怎么样？下一跳不要着急，我相信你可以的！"每完成一次跳跃，我都会来到教练工作间回看视频，第一时间与迪马面对面交流，迪马则会用他颇具感染力的语言鼓励我，积极回应着我每一点新的尝试和新的进步。每当我质疑自己时，迪马总会举出例子肯定我的表现。

关于教练与运动员的各种合作关系，经历了那么多，也感受了那么多。说实话，这种正面激励式的训练指导方式，我最为受用。它契合我的个性，又能够帮助我营造更大的提升可能。

迪马细腻的工作作风不仅反映在关注我的动作细节上，也体现在对我情绪波动的关注上。看到我的表情稍微低落，或者有焦虑表现，他就会主动过来询问"桃桃你在想什么，可不可以说说看？"训练中，如果我有不同的观点，会与他进行及时商议，在双方达成共识的基础上，他会在第一时间修正自己。高效而优质的沟通，保障了训练质量的稳步提升。

迪马，虽然并不擅长与人热络聊天，也很少谈及私人话题，但是他的专业素养寓于他的敏感之中。敏感，不只是敏于人类的情感，还敏于理性的技术，他会根据每位运动员的特点实施不同的指导方案。作为运动员，我无疑是幸运的，因为教练所给予的是"科学＋人文"的全方位关怀。得益于这种平等模式的合作，我感受到了相对的自由和绝对的尊重，这激发我更加主动地去调度潜能，督促自己高标准完成每一天每一项每一次的训练任务。

跨越东西方执教，应对人心和技术有自己的大策略，于不动声色之间进退自如，我在迪马身上见识到了专业教练的大气度。这是一种由丰富经验历练而成的极具稳定性的综合素养。

稳定性，着实是我需要练习的第二项能力。

如果说与外教的沟通是一翼，与心理教练王峻的沟通则是另外一翼。两位教练对我来说，都是新阶段辅助我飞翔的新的支持力量。在与迪马的沟通过程中，王峻所提供的专业帮助，使得我与外教们的配合更加默契。

为了给予国家队更多的支持，2019—2020赛季，王峻老师经常到我们的训练现场配合工作。她和我们的沟通方式若春雨润物令人舒适，要么是面对面的私人访谈，要么只是陪在我们身边默默观察。

敏感如我，面对外界的"干扰"信息，当我不知该如何处理时，更多时候表现出来的是一种焦虑。

王峻老师将我的这种焦虑情绪解读为"投射"。投射是个心理学名词，当你焦虑的时候，你会看到他人也是焦虑的，你难过的时候，会觉得别人同样难过，也就是说一个人会将自己的心境通过他人那里投射出来。王峻老师通过对观察事实的提炼和抽取，以点点滴滴的信息帮助我减轻焦虑，让我内心的稳定感一下子得到了增强。

如果说平昌周期系统化的训练中存在一项短板，那就是心理层面的稳定性。

擅长与自己死磕，并不是完全错误的方法，它表现出一个人强大的动机性，是竞技运动员的心理优势。但是，与自己较劲，就容易将自己的极端化情绪投射到外界，造成对外界的耐受力降低，适应性比较差。比如，外出比赛时，女运动员往往共同居住在一个大房间内，彼此之间的影响，就会让异常自律、希望准时休息的我感觉不适应；每到一个新的赛场，就会换一个新的跳台，而对场景的变化我往往需要较长时间的磨合才能适应。外界的人和物，从小的生活事件到大的赛事事务都会引发我的焦虑，这种焦虑，不是通过自助就可以轻易解决的。如果不解决，就会堆积在心里变为情绪垃圾，成为影响比赛正常发挥的负面因素。

对此，王峻老师给出了三个"不"：不好听的不听；不好看的不看；不好的事情不想。简简单单的"不"字经，具有很强的可操作性，可以帮助我在不同的场景快速整理自己的情绪，有效摆脱焦虑和极端化情绪。这三个"不"字也蕴含着沉甸甸的分量，像磐石一样将我不稳定的心夯实，再夯实，进而做到任尔东西南北风，我自岿然不动。

如何以更稳定的能力应对一项充满着巨大不确定性的运动？只有保持强大，才能打败意外。通过踏踏实实地学习和练习，把不足完善起来，把短板弥补起来。让自己内心强大、技术强大，这是第四个奥运周期我的一个重要目标。

强化稳定性，关涉两个层面：心理和技术。于我而言，技术的稳定性，尤其是着陆的稳定性需要强化。经历三届冬奥会，温哥华冲金只具有理论上的可能性，现实中决赛的那一跳，我在落地时失去重心，摔倒在着陆坡上，最终获得第六名。索契冬奥成为冲金热门人选，但决赛中的第二跳在落地时失去平衡，单手撑在了雪地上，与冠军真的是擦"手"而过。平昌冬奥会绝对是拿金牌的正主，但是决赛第二跳着陆在了平台，又摔出了惨烈的前滚翻。当然，这些结果背后并非全部是我个人的因素。但是，在进入第四个奥运周期之后，作为当事人，我不得不反思：在奥运赛场上，为什么一直不能实现稳稳地着陆？在新周期的训练中，我如何练习，才能从自身因素方面去强化这种稳定性呢？

冬奥冠军所具备的一切条件有三个：领先的难度、出色的动作质量、优越的稳定性。相比出道即巅峰的王牌"难度"，十几年的历练，"稳定性"距离王者水平还有一段路要走。这一段路,我将如何去走?

通过心理复盘和技术复盘,我制定了25字方针:以赛代练,逐步恢复三周台动作;稳字当头,心理、技术协同调整。

以赛代练,不只是在赛场上,而是每天都在进行中的比赛。如同电影中24小时待命的超级英雄,我对自己的要求是:成为24小时的运动员!我的自律并不是抽象版的,而是EXCEL版的。从早晨起床的洗漱、水池训练、体能训练,到晚间的按摩、理疗、泡脚、就寝,我都在EXCEL表的清单罗列清楚,一项一项自动执行完成。每天的安排都是紧凑的,每天的进步也是扎实的。

冲击奥运金牌,三周台动作是王牌。虽然三周台是我的王牌,但我在恢复三周台的过程中不再只是冲冲冲,而是和整个体能训练团队紧密合作,以康复训练为主、技术训练为辅,采取小步快跑式的不间断科学训练,强化我的体能和支撑力量,使得肌肉、肌腱、骨骼能够承受更大的负荷,这个更大不是无限大,而是确保训练量和训练强度都在合理的控制范围之内。

做24小时运动员是辛苦的,但这个24小时不是单调的。如同我的成绩在波浪式前进、螺旋式上升,我的心态也在每个24小时的历练中发生着微妙的变化。强化稳定性不是一朝一夕间完成的,当心理与技术协同并进,双重稳定性也相辅相成。

自由式滑雪空中技巧运动领域,跳三周台的女子运动员,一般在27岁左右就宣布退役。"讲真",在训练实践中,我切实感受到了很多困难,老伤与新伤反复发作,随着年岁的增长,恢复变得缓慢。自然规律是不可逆的,所以我从未把年龄看在第一位,而是以从容坦然的心态接受年龄带来的一切。年岁的增长不是只有负面的"变老",经验、阅历这些都是难能可贵的,它带给我的不再是激进和极端,而是一种变通和调适的能力。回忆自己在平昌周期的第二年,从心理到技术陆续出现问题,但总想着自己顶一顶。一顶顶到新疆冬运会了,带着不佳的心理状态仓促挑战三周台,上难度时又没有足够系统的训练,一下子遭受了重伤,对平昌冬奥的成绩产生了严重的影响。其实,我那时的状态完全可以调整过来,只是彼时不像现在北京周期的第二年,我有心理教练的支持,可以正确应对。

对比两个周期的同一年,我更加强烈感受到心理与技术在训练中的一体性。时间在给我带来伤病与年龄增长的同时,也给了我更平稳的心态和更坚定的决心。相比冬奥冠军所具备的三个条件:领先的难度、出色的动作质量、优越的稳定性,我更坚信梦想、信念、自律,是成为冬奥冠军的三大基本要素。

2019—2020赛季即将到来,我决定在本赛季全面回归三周台。这次回归有着不一样的意义,它是对整个团队的系统保障和自身努力的多重验证。对于我个人而言,整个赛季同样是以赛代练,大赛的体验最重要。我告诉自己,不过度追求结果,更关注动作的完成度,以享受比赛的心态为北京冬奥会积累更多三周台经验;世界杯每一站比赛都是铺垫,都是为了帮助我在2022年积攒更多的储备,使我变得更强大。

2019年12月22日,自由式滑雪空中技巧世界杯在中国长春莲花山开赛。继平昌冬奥会后,我首次在大赛中完成三周台动作,最终包揽了两块女子个人金牌。获得这两块金牌之后,自己的世界杯分站赛金牌数增加至25枚,追平了澳大利亚名将库珀的纪录。而在此后的世界杯明斯克站比赛中,我再次用一枚银牌完成积分重回世界第一。整个赛季以两金一银一铜的成绩收官。

当我在训练场和赛场推进一线实践练习的同时,2019年,我选择继续攻读博士研究生,导师为北京体育大学博士生导师池建教授。我的研究方向是运动训练学，博士论文的课题就是研究自己在北京周期的三周台动作。

作为北京体育大学冠军班的创建人，池建教授对我提出了更高的要求，那就是成为一名具备跨界思考力的博士生。在自己的专业领域跳得更高，走得更远。实现更大的跨界，在我看来，这不仅意味着在赛场上取得优秀的成绩，更要在学术学科方面取得优秀的研究成果。就像我小时候的偶像邓亚萍，她在赛场上可以顽强拼搏，笑傲乒乓江湖，在学业上也可以一路高歌，从清华大学外语系英语学士到英国诺丁汉大学攻读中国当代研究专业研究生，再在世界顶级学府英国剑桥大学取得经济学博士学位。向邓姐姐学习，在知行合一的道路上，历练自己的超强学习能力，是我三十而练的又一个重要方面。

我将自己的研究方向运动训练学与自己的运动实践相结合，一个特别有效的研究方法"运动行为志"，成为我链接科研与训练、科研与比赛之间的一道桥梁。它的基本方式是结合自己的学科研究和训练实践，通过场景复原的方式，进行重新思考和总结。这是一种"将自己作为方法"的研究方式，当我与相关领域的学者们展开对话，运动行为志成为引领我深入思考北京周期自身训练稳定性的有效研究途径。其中，在《体育与科学》发表的《徐梦桃运动行为志研究：自由式滑雪空中技巧训练实践叙事——徐梦桃与程志理的训练学对话录》就是我与江苏省体育科学研究所程志理老师的合作研究成果。

程：自由式滑雪空中技巧项目，如何保证比赛中技术稳定发挥？

徐：我感觉首先是要有科学的训练。训练团队一定要有前瞻性，有预案，要体现在细节上。就比如科研，平时如果只量心率，对如何去控制训练没有提出合理的建议就没有什么用。比如，教练组会针对训练自问自答：动作再抠得细一些，量再大一些，恢复再好一些，一些到底是什么样的"一些"？例如，徐梦桃，她练 5 个点，需要多长时间能够恢复？用什么方法恢复？她恢复能够达到一种什么样的身体反馈？她恢复后能够达到什么样的训练效率？这些其实就是落实。想得很好，做得很少，肯定不行。要做细、做精致。训练中科学化地落实，要用事实，用数据来说话，比如说成功率。

其次是赛制方面。奥运会四年一个周期，在这四年里按照奥运会赛制的比赛除了世锦赛什么都没有。奥运会赛制和世界杯是不一样的，世锦赛是两年一次。全国比赛就应该按照奥运会赛制来模拟，否则这四年除了比世界杯，都没有时间练奥运会的模式，那怎么能够适应奥运比赛呢？

程：这就是一种身体认知的确认。

徐：每天需要有精细的计划，定期组织比赛。组织比赛，比如奥运会，打算提前几天进奥运村？假如提前 10 天进，就应该以 10 天周期结构来模拟比赛。这时候科研就要跟上，运动员的技术状态起伏怎么样？每天练的内容要按照奥运会比赛的模式，这样经过这 10 天，哪个环节有问题自己都知道了。现在对世界杯我已经很清楚了，世界杯的强度要多少，上午下午或者下午晚上我需要什么样的身体状态。世界杯赛前训练两天，我知道是什么样的。比如说备战北京冬奥会，还有 500 天，我需要进行个性化的训练，崇礼雪场（北京冬奥会比赛地）的风特别大，我们就要从实战开始模拟。倒推回来，还有 500 天，进村、适应、参加比赛，能够模拟几轮奥运会比赛。这个过程包括科研、保障、训练。Special training 太需要了。

稳定性绝对不是一个抽象的概念，而是由一个又一个精准的数据支撑。保障稳定性不是口头上的说辞，而是一个又一个具体而科学的细节。运用知行合一法探究稳定性与科学训练的逻辑关系，我不仅从运动员的视角，从教练员的视角，从不同赛事的对比视角，还从冬奥的比赛流程以及赛事周边，一个更完备的视角去观察和研究"冬奥"，研究冬奥与团队、冬奥与自己等诸多课题。自己既是研究者，又是研究对象，双重角色使得我采纳的数据和案例更具权威性和说服力。我希望结合自身的实践成果，通过"运动行为志"的研究途径生成学术方面的思考成果，更希望用自己的研究成果去指导同一领域和项目的运动员的训练及比赛，从而帮助更多同行者获得更好的成绩。

从沟通力到稳定性，再到合一法，我在练习的道路上不断精进，积聚力量，等待突破。在这个突破真正来临之前，我需要做的就是练习，练习，再练习，练出更强大的大脑和更强大的体能，去战胜一个又一个不确定性。正如我在上文中所阐述的最终目标：

比赛中我不会抱着侥幸心理去比赛，我希望的是在条件不好、风可能特别大的情况下或者状态不好的情况还能赢对手，这就是我的目标。

2020年7月12日，是秦皇岛训练基地入夏以来最热的一天。在30多度的高温下，我套上一层一层的训练服，扛着雪板一步一步向上，登顶水上跳台。这个独自上场的女孩，今天30岁了。我在心中深深地拥抱了一下那个超酷的自己：亲爱的，愿所有美好和温暖如期而至，愿生活里多一些小幸运，愿你独闯的日子里不觉得孤单，桃桃，生日快乐！

在空中完美翻转，完美落地，需要无数次努力地蓄力向上，热爱没有止境，没有比实现愿望更酷的事。三十而"练"，就是为了实现三十而"立"，无论面对多少不确定性，无论面对怎样的风霜雪雨，都祝福自己能够在完美的翻转之后，实现完美的着陆，稳稳地站住！

钢城与港城

2007年夏季，一个17岁的女孩自沈阳南下，跟随国家队来到秦皇岛。从此，往返于两地的夏训旅程，一年一度，持续至今。

2007年夏季，一个12岁的男孩离开秦皇岛，告别体操生涯，北上沈阳，投身自由式滑雪空中技巧运动，这一去，持续至今。

一场以双城记为背景的双向奔赴，终于在12年之后的情人节实现两心交集。

"桃桃，我可以做你的男朋友吗？"

"可以啊。"

2019年2月14日，当我收到心迪的微信，直接回复了OK。没有女孩特有的矜持，没有想象中的偶像剧情节，没有烦琐的仪式感，自然得如同日常的一次邀约。从此，一场细水长流的战友情缘迈入一个新阶段。

"如何让你遇见我

在我最美丽的时刻

为这我已在佛前求了五百年

求他让我们结一段尘缘"

这是诗人席慕蓉对美好相遇时刻的吟咏，写尽了世间男女对于这一刻的向往。而我和心迪的每次遇见，仿佛是老天的误操作，从我们相遇、相知到相爱，我几乎都处于人生低谷处的狼狈时刻。

2007年，初相遇。右腿前交叉韧带重建手术之后，我返回沈阳体育学院养伤，以单脚独立版"僵尸跳"去食堂打饭时，心迪着急忙慌上来帮忙。这是我们的一面之缘。

2016年，初相知。北医三院，左膝盖前交叉韧带重建手术之后，心迪带着牛仔服作为礼物来看望我，他看到的不是潇洒阳光的桃小棒，而是遭遇心理、技术和伤病重重打击的桃小弱。从这一年开始，我们成为训练场上的搭档。

2018年，表白前夕。北医三院，双腿半月板切除手术之后，心迪和小丽妈妈一起，在病房陪伴了我和我的两条棉花腿整整一个月。

一年之后，我们成为赛场上的战友和生活中的情侣。

这样的遇见，没有表演、没有虚饰，只有真实、只有真相。命运在仓皇时刻也带来了一份切实的幸运，使得我们在疾病、伤痛乃至生死的考验下提前看清了没有修图的彼此，一份纯粹的信任、支持和依赖在两颗心之间滋长，让心迪和我在命运的舞台上成为高匹配度的最佳搭档。

这种匹配，来自相似。

我们都是小体操队员出身，都曾经幻想飞越压抑的体操房，成为自由翱翔的小鸟；都曾经在深夜里为名次和生存痛哭，成为过度懂事的早熟小孩；也都在12岁那年被迫告别体操，转入自由式滑雪空中技巧的新赛道。还有，我们都是陈洪斌老师的学生，我们都从沈阳体育学院竞技体校起步。

对我们来说，吃苦是最容易的一件事，不容易的是要吃得起压力和失败。身边很多表面上强势的男生，被失败打败得很快，在失败中重新站起来很慢，而心迪的"消化力"异于其他男生。他处理压力的模式是即刻转换为动力，接着强势反弹，快速得不留任何负面痕迹，十足的韧劲让我十分佩服。我们两个的相遇，真的是"徐坚强"遇到了"王坚韧"。

这种匹配，来自差距。

两个人的差距，从初相遇就有：我是国家队的明日之星，他只是国青队的素人学员。当我在国际赛场上呼风唤雨的时刻，心迪还是初出茅庐的青葱少年。5 岁的年龄差距，使得心迪和我处于不同的代际，按照心迪的说辞，追上我，他分明是在和自己的偶像谈恋爱。

正是这些来自年龄、性别、体能的微妙差距，形成了训练场上的完美互补。所以我们在配合训练的时候，这个数值差恰好成就了高匹配度的 CP（搭档）。加之心迪对我的伤病状况最为了解，在具体训练中，尤其是需要双方配合的牵拉练习中，我不必多叮嘱什么，他都会在轻重缓急之间掌握得当，避免因训练导致对我身体的二次伤害。

这种匹配，来自共生。

我们的情感缔结于运动场，最为牢固的关系底座永远战友在先，然后才是情侣。双向奔赴，是一种利于双方的双向互动，是一种彼此依赖的你侬我侬。

我来自钢城鞍山，骨子里有着女孩少有的坚硬与刚强，心迪也像他的故乡港城秦皇岛，有着海水一样的深度与韧度。当我们以搭档的方式共同成长，我的训练方法和处事方式也汲取了他的优势，尤其是北京周期的默契互动，无形之中影响了我的心理状态，在强势之中加入柔性，从而建立了刚柔并济的科学训练节奏。我依据自己丰富的国际大赛经验，给予心迪更多实质性和操作性的指导，再加上他异常刻苦的系统训练，他的成绩在北京周期得到了全面的提升。

翻开心迪的个人社交媒体，七年来，他的大部分动态从没有离开过一个人，那就是我。我还记得，心迪的第一条动态就是点赞我出征奥地利。作为运动员，日常训练和比赛就是他生活的重心，但在社交媒体上，他互动和点赞的却只有我一位女生，这也足以见得心迪对我的关心，更能看出他的专一。

再坚强的女孩，也希望被人偏爱，被爱保护。在我心中，真爱就是彼此温暖，彼此扶持，双向奔赴的爱情就是在成长中学会互相珍惜，一起面对这个世界。

2019年1月19日，在2018—2019赛季国际雪联自由式滑雪空中技巧世界杯普莱西德湖站男子组决赛中，心迪以121.27分的成绩获得亚军。3月2日，在中国站比赛中，心迪以125.32分的成绩获得男子组亚军；我与心迪、孙佳旭组成的中国队获得混合团体冠军；同时，心迪凭借分站赛出色的表现，以316分夺得年度总冠军。这是我们共同的两个"第一次"：第一次同时获得世界杯年度总冠军；第一次以联袂的方式，获得世界杯混合团体冠军。

紧锣密鼓的节奏中，北京周期进入第二个赛季，我们全力以赴备战2020—2021新赛季的当口，新冠肺炎疫情突然暴发。

为了减少疫情带来的影响，2020年4月，我们来到秦皇岛开始了封闭式夏训，比往年整整提前了两个月。

日期的变化，带来的是训练计划的变化。按照正常的周期性训练，基本上从4月份开始一直到6月中旬左右，我们会进行一个基础辅助和体能训练。基础辅助涉及蹦床、技巧等方面的练习，这个时间段最重要的是体能的积累，相当于给身体大量"攒钱"的时候。面对突变的状况，这个"钱"以什么方式去攒，成为摆在我们面前的一件待定的事情。

一切都待定，时间变得不确定，东京夏季奥运会宣布延期，这个变化让全球夏奥参与者同时按下了暂停键。疫情给奥运带来的更大影响是心理层面的，如同不断裂变的病毒，悄无声息之间让全队每个人对夏季训练产生了无力感，尤其是年轻的队员。

一次特别的挑战大赛来得非常及时。2020年7月，国家体育总局冬季运动管理中心发起线上体能挑战赛，向全体冰雪运动员约战六大项目，号召大家为冰雪而BATTLE（战），看看谁才是超强体能者。

六大项目清单：30米跑、垂直纵跳、深蹲、引体向上、卧推、3000米跑。纵、横、向下、向上、平行各个方位对应着空中技巧运动员助滑、起跳、空中及转体、落地阶段的主要体能训练方法，是对一名冰雪运动员体能状况的全方位检验。用数据说话，以大数据证明自己，这无疑是一次最客观的比赛。

看着身边的队友，他们中最年轻的才15岁，比我小了整整一轮。在她们面前，我从那个拼金牌的姑娘变成了拼金牌的阿姨。4天完成6项挑战，年龄最大的我和年轻的她们，谁更有优势？这似乎是一个不必争论的问题。

当然，不必争论。否则24小时运动员我就白当了！

体能就是赛场的入场券，无论是无氧训练30米跑，还是有氧训练3000米跑，我在通往北京周期的路上，或加速跑，或放松跑，从未有片刻停歇。奔跑吧，桃桃，这一跑就是12年，从温哥华冬奥周期"大脸猫"桃桃跑成了北京周期具有最佳体脂率的大美桃。

是啊，25斤赘肉去了哪里？自拍镜头下越来越紧致的俏脸来自哪里？这个答案，心迪是见证者。每当我在烈日下，套上三层暴汗服，在田径场上狂奔时，踩着小米平衡车给我加油，帮我录像的一定是迪哥。

享受比赛，放松去搏，想赢的心从未改变。无论我是19岁还是30岁，无论是体能测试还是蹦床测试，或者是专项测试，我一分都不曾落下，但凡我能咬牙坚持的，一定会拼到底。无论是跑步还是任何事，只要我能做，我不会翘一堂课，但凡我能练的话，我不会因为任何借口取消训练。我希望用我的态度、我的技术、我的能力、我的成绩来让大家看到，无论我多少岁，只要我去做，我就可以做到比同场比赛的人更优秀。

3000米跑测试当天，气温到达峰值，超级大热天让人透不过气来。而我偏逢生理期，肚子疼得厉害，连带腿伤发作，左右两膝疼得厉害。为了不让疼痛影响成绩，顾不上炎热了，我直接用长护膝将双腿捆绑，用腹带将小腹部重重包裹，就这样奔上了田径场，咬着牙完成了3000米测试，最终以12分18秒的成绩取得第一。一同起跑的年轻队员们，有的一半不到就直接放弃，中途退出了比赛。

　　体能大比武的结果令我欣慰，更感自豪。中国冰雪男女运动员加在一起接近700人，我的总成绩排名第四。作为年龄最大的女子运动员，在所有女运动员中总成绩位列第二。

　　支撑我跑下去的信念，就是不希望自己"倚老卖老"，而是让自己的"老"成为一种正向的示范，一个承上启下的助动力，用自己的态度和自己的成绩带动更年轻的队员跟上我的步伐。

　　每次训练，我的周围都会聚集很多年轻队员，我的一举一动也在向他们诠释着如何训练的具象方法。在秦皇岛基地训练，先是要爬上123级台阶，从大约6层楼高的跳台助滑、腾飞、空翻、落水、游到岸边，起身脱下双板扛在肩上，走向教练，再走向高台，准备新一轮的起跳——这样的动作每人每天多则十几次，少则七八次。这样的训练每天都在进行，但每个人对训练的态度和思考又有着迥然的不同。

　　我不怕吃苦，如果吃苦能让我拿冠军，我什么都能做。因为在备战奥运会的时候，吃苦是最容易的一件事。但就是最容易的这件事，不同的运动员去做，效果会有很大的不同。年轻的队员也愿意吃苦，但是，他们普遍都只知道苦练，而不知道苦练的方向。水上训练条件虽然日益先进，但人的能力进化却是滞后的，就好像入水前空气压缩机会产生大量白色气泡为运动员入水减小阻力，但如果过度依赖被保护，入水姿态不标准，落水时冲击力较大，就可能对腰、颈、脊椎等造成大的损伤。

让自己成为风向标，我就是要通过行动告诉他们，科学训练不仅是作息时间、饮食、体脂率上的控制，体能训练的强度的保证，还有训练中的自我保护和训练后的有效恢复。要有技术能力，更要会用脑子：知道自己要什么，应该做什么。怎么做？什么时候做？做多少？既有前沿思维，又有总结能力。所以，要成为一名全面优秀的运动员，仅凭刻苦训练是远远不够的。

好是更好的敌人，优秀是卓越的敌人。

无论是内部测试，还是内部比武、封闭式的训练，我们都不能有封闭的思维，要在内卷中寻求新突破，坚守自己的优势。虽然不能出国比赛，但内部实战同样是我从不懈怠的主战场。从2007年到2021年，每年一度的秦皇岛雪上技巧水池赛成绩榜单上，我连续十五年问鼎成年女子组比赛冠军。

2020年10月30日，是值得记录的一天。这一天我光荣当选中国奥委会运动员委员会委员，这是对一个国家队队长和拥有25个世界冠军头衔的运动员的褒奖。有人问我：获得冠军有何秘诀？我的答案很简单，无论外界有怎样的变化，唯一不变的就是努力训练，在不确定中坚持确定性。赛场恰似人生，影响成绩的外在因素很大很大，很多很多，在各种不确定中，能够控制的只有自己，能够拯救自己的也只有自己。

热爱可抵岁月漫长。当我们缓慢而坚定地前行，最真实而独特的人生才有迹可循，因为时间看得见每一分努力。2020—2021赛季，虽然无法出国比赛，我也要看见并看清外面的世界。通过互联网和社交自媒体平台，我观看了2020—2021赛季世界杯的每一站比赛，研究了每个对手，对每一个突出运动员和重点运动员的竞技状态表现和个人实力都有了全面的把握，比如主要对手劳拉·皮尔以及阿什莉·卡尔德维尔等的表现。我细致观察着赛场上又有哪些风起云涌，并根据对综合信息的研究，与教练团队一起，制订了我的最后一个赛季的作战计划和作战目标。

2021年2月4日，北京冬奥倒计时一周年之际，北京国际测试赛同步开启。

22个月没有参加国际赛事，这次终于见到了很多来自国外的老对手和老朋友，其中就有迪马的高徒阿什莉。

"桃桃，好久不见，你准备好了吗？"

"我准备好了，北京也准备好了，欢迎你来北京！"

当2022年北京冬奥的对手们互致问候，此刻响起的背景音乐是来自崇礼云顶的大风呼啸。

穿越双城，穿越冬春和夏秋，经历风，经历雨，作为好赛分子，我爱赛场上那块闪闪发光的金牌，更爱训练场上那个闪闪发光的自己；只有在训练场脚踏实地地练到，在赛场上才能仰望星空摘到荣耀，从浴雪者成为驭雪者，强大如我，自信如我，任尔东西南北风。

2021年12月，北京冬奥前的最后一次热身大赛，在芬兰卢卡的超级大风中拉开了大幕。

Chapter Ⅶ

第七章

我是第一吗！

我是第一吗？

我是第一吗？

我是第一吗！

"银"影重重

零积分,意味着什么?

意味着在国际雪联实时更新的官方积分榜上,没有我们的积分排名,没有积分排名,就意味我们没有资格获得奥运参赛席位。

虽然深信读我这本书的小伙伴们都是博学之人,但是,还是有必要解释一下奥运资格体系。有的读者朋友会认为,作为成绩优秀的老将,徐梦桃参加冬奥很容易,只要提前报个名就OK。这真的是非常大的误解。冬奥会每个项目,每个小项,对男女运动员都有严格的参赛资格审核,即使上届你拿了冬奥金牌,即使你曾经拿遍了世界杯和世锦赛金牌,参加新一届冬奥的时候,仍然必须按照成绩积分进行最新排名,你只有跻身前列,才有可能入选冬奥名单,代表国家队出战。所以,每一届大赛的每一次参赛机会,对我和我的队友们而言,都是一分一分拼成绩拼出来的。积分面前人人平等,任何人都没有优先权。

根据北京冬奥会参赛资格体系,2022年1月20日将最终确定各个国家和地区的参赛席位数量。中国自由式滑雪空中技巧队也将在2021—2022赛季结束后,最终确定北京冬奥会男女运动员参赛名单。

距离冬奥开幕只有两个月时间,一切都要在短时间内尘埃落定,2021—2022赛季被赋予异常浓郁的紧张氛围。它不再是以赛代练的热身赛场,而是争分夺分的白热化阵地。于我而言,四年苦练,如果在最后的这个赛季成绩不佳,拿不到参赛资格,北京冬奥冲金真的可能成为一场"冬梦"。

2021年12月1日，刚刚落地2021—2022赛季世界杯首站芬兰卢卡，我就感受到了风雪极高地的"硬"威力，看来在这里，有几场艰难的硬仗要打。

走过世界上那么多雪场，这是第一次在北极圈内的滑雪场比赛。因为拥有世界上最漫长的冬季（长达8个月），卢卡的一切仿佛都被冻得既冰且硬，从道路、食物到跳台。极夜所带来的不只是阴郁的氛围，还有源自极地上空的超级大风。

超级大风到底有多超级？我储备的天气知识范围之内，找不出比超级更合适的字眼，如果用比较写意的数字来形容，足足有38级。国内出发前，我本来预定将卢卡赛场作为张家口崇礼赛场的实地模拟，因为两地有一个共同的特点，就是风大。但是，万万没有想到，卢卡的风是如此之大，大到可以席卷一切，让风中训练的我不是头发凌乱，而是灵魂与肉体一起凌乱。我努力地在助滑点站稳，但身体里的能量让我着实脆弱，因为这里的食物简直太单调，每天只有不合胃口的汉堡和比萨，我的能量补给显然不太给力。

12月3日要完成两场比赛。首战结束，我的成绩并不理想，由于在比赛中出现落地失误，仅获得第六名。

超级大风中，跳台上结起了又冷又硬的冰，这些因素无形之中加剧着我心中的压力。卢卡之战，在中国队所有选手中，我不仅要打女子个人赛的积分，还要打混合团体的积分，是参与比赛项目最多的选手。超级大风中承受超级压力的我，需要拿出的是超级的勇气和实力。

"桃桃，风大雪大，还是顶风，我们就选择两周跳吧。"迪马教练给出了自己的建议。

"三周，我一定跳三周！"我在心里对自己说：练了四年，你练的就是逆风作战，超级大风算什么，这个时候不用三周，何时用三周？！

用你强大的三周跳去迎击超级顶风!

第二场决赛更加残酷,一跳定胜负,每名选手只有一次机会来决定自己的名次。我选择了难度系数4.028的三周台动作,呼啸的大风中我忽然感觉分外轻盈。这种轻盈源自体内,化为助力,让我腾飞在大风之上,成功助滑,成功起跳,成功翻转,一气呵成,稳稳落地。

22个月远离国际赛场,我用这一跳,宣布自己重启王者荣耀,也凭借这一跳,我夺得个人第26个世界杯分站赛冠军,成为该项目历史上夺得世界杯分站赛冠军次数最多的女子运动员,超越澳大利亚名将库珀成为世界杯历史第一人,成为空中技巧项目世界杯金牌第一人!

成为获得世界冠军最多的空中技巧运动员意味着什么?接受媒体访谈时,我说出了心里话,那就是团队的强悍力量。作为一名空中技巧运动员,26枚金牌是背后团队协作能力的表现。这项运动受到风力、雪质、自我心理等多方面因素的影响,背后的团队发挥了至关重要的作用。

回忆起自己的第25枚世界杯金牌,那已经是2019—2020赛季的事情了。虽然缺席了2020—2021一个赛季,缺少了一次国际赛事的考验,但我和队友们从未放松对自己的要求,在国内训练场上从未有片刻的停歇,就像国家队在北京周期的训练口号:一刻也不能停,一步也不能错,一天也耽误不起。

面对卢卡的超级挑战,我的超级发挥没有任何悬念,它分明来自国内超级扎实的精细化训练,尤其是夏训阶段,我在秦皇岛训练基地着重对体能、核心力量的练习和强化。斩获第26枚个人金牌的轻盈一跳,那种感触我丝毫不陌生,训练越是深入,越是持久,越是扎实,它就像灵感一样越是频繁降临在我的赛道上。这是一种微妙的感触,是量变到质变的美妙升维:从最开始走路有负重感,到跳箱、落地训练开始感觉身体轻盈,再到跳上720°转体动作时感觉发生质的变化,我自己都有点惊讶；直到脚下的雪板和身体非常同步，预示着陆空间充分，我知道空中翻转第一周动作的完成点可以提前了。超级大风，化为超级顺风，不是现实中的转化，而是由内而生的转圜。

芬兰卢卡站后续的三站比赛中，我继续坚持三周跳，再以91.83的总分获得亚军。并与贾宗洋、齐广璞、孙佳旭三位男队友通力合作，夺取了两站混合团体赛的冠军。

第二站混合团体比赛结束后，我用英语接受外媒采访，告诉世界：

Beijing is ready，北京准备好了，
We are ready，我们都准备好了，
Welcome to Beijing！欢迎大家来北京！

时刻准备着的我们背后，永远站着时刻为我们保驾护航的伟大祖国。感恩在疫情期间国家全方位的保障及系统科学的训练让我可以走到今天，重回国际赛场没掉队；让我具备能力拿到冬奥会积分并创造新的金牌纪录，再次穿上新赛季的"黄马褂"。

比赛结束后，要告别卢卡，我振臂高呼："风太大了！"这是为大风点赞，还是对它的调侃？拜卢卡超级大风所赐，一声桃式呐喊，从此我有了一个江湖名号：自由式滑雪空中技巧项目全世界嗓门儿最大的人。哈哈哈哈！

2022年1月6日，加拿大勒瑞雷分站赛中，我以难度系数4.200的三周台动作取得了103.92分，再获本赛季个人冠军。在女子组全场22名参赛选手中，这是唯一一个超过百分大关的成绩，也是我个人世界杯历史上的第27个冠军。

开门见冠军是一个美好的预示。两个月世界杯之旅，从2021年年

末走到2022年年初，从预赛走到超级决赛，从卢卡的超级大风到加拿大的和风细雨，感谢这个赛场带给我风雪无阻的动力和突破自我的勇气。无常才是最平常，这是空中技巧折磨人的地方，也是这项运动的迷人之处——种种不确定因素考验着我的技术硬实力，也考验着我的心理和心态的软实力。每一场比赛中，我尽力让自己挑战三周台动作，依旧想做那个用高难度"拼"金牌的人，但与前三届冬奥会不同的是，我的这个"拼"中少了极端的执念，不再"拼命"地与自己较劲，而是多了稳定的平衡，"拼合"起所有的优势为我所用。我的奥运冬梦里有金牌，却不只限于金牌。

2021—2022世界杯结束后，新赛季我的世界杯积分达到了380分，领先第二名将近100分。国际雪联官网冬奥会积分榜实时排名中，由于占据绝对优势地位，我顺利取得冬奥会参赛资格。

2022年1月28日，北京冬奥会中国体育代表团大名单公布，总人数为387人，是中国体育代表团史上参赛规模最大的一届冬奥会。中国代表团将参加全部七个大项的比赛。能够成为176名参赛运动员中的一员，能够在穿越三届冬奥的风雪之后，在家门口为国家荣耀而战，我真是三生有幸。

随着冬奥会开幕的日益临近，国内外各级媒体对冰雪运动的关注日益火爆，作为经历过三届冬奥的老将，媒体将聚焦点放在我的身上，关于夺冠热门预测的话题风生水起：如果说在空中技巧男子组中，俄罗斯名将马克西姆·布洛夫是势不可当的主宰者，那么在女子组，徐梦桃就是当之无愧的夺冠大热门。

热门不热门不重要，重要的是冷门气质的冰雪运动终于利用这样一个重要的历史契机，引发了越来越多公众的关注。身为中国冰雪运动推广大使，越发感受到一个个冰雪话题成为热点话题，这对于中国冰雪运动的开展将是多么利好的社会场景和时代氛围。

在七大项所有的项目中，哪一项是我最关注的热门？那当然是自由式滑雪空中技巧运动在本届冬奥会上的新增项：自由式滑雪空中技巧混合团体赛。作为国家队队长，我更看重这个项目的价值所在，因为男女混合团体赛是一个团队整体实力的全面彰显，代表的是中国自由式滑雪空中技巧的综合战斗力。

在世界杯赛场，混团项目设置较早。2009 年 12 月，我就参加了世界杯长春莲花山站首次举行的混团比赛。13 年过去了，我搭档过不同的队友，而且一直是一发位置。所以，混团就像我的孩子，从头到尾，我一直都在。

复盘近几年混团成绩清单，我更加清晰地看到了一条在稳定中趋于强大的进步轨迹。

2017 年，自由式滑雪空中技巧世界杯张家口崇礼站比赛中，我与贾宗洋、齐广璞的三人组合以 301.01 分击败强劲对手澳大利亚队和俄罗斯队，稳稳收获冠军。

两年之后，美国世锦赛于 2019 年 2 月在鹿谷举行，男女混合团体赛首次成为世锦赛新设项目。一共有八支队伍参加男女混合团体决赛，我与孙佳旭、王心迪、石海涛组成的中国队以 297.82 分夺得混合团体赛银牌。

2019 年 3 月 2 日，2018—2019 赛季国际雪联自由式滑雪空中技巧世界杯中国站决赛中，我与王心迪、孙佳旭组成的中国一队以 299.06 分的成绩夺得男女混合团体冠军。

再一个两年之后，2021 年 12 月上旬的国际雪联自由式滑雪空中技巧芬兰卢卡站的角逐中，我、贾宗洋、孙佳旭、齐广璞组合而成的中国队以 354.87 分一举夺冠，连续两站登顶。

不知道敏锐的你，是否发现与我联袂的男队友名单总是在变换，这说明什么？只有一个事实，以成绩和数据说话的竞技体育领域，参加混团的都是来自男女运动员中的成绩最佳者。只不过，这个"最佳"是时刻变动的，要想进入两男一女三人组合，每个人都要进行实时的成绩PK（比拼）。

非常残酷，但非常公平。为了成为混团组合中那个铁打的女运动员，我必须在每轮PK（比拼）中取得第一名。为了选拔混团选手，按照世界杯的新赛制，会在早间时段设置一场比赛，采取一跳定胜负的游戏规则，决定个人赛名次，同时这一跳还作为混合团体赛的资格赛。决出的三个第一名才会组合成为混合团体，才有资格参与到与其他国家混团的竞争中。凭借动态竞争中的屡次脱颖而出，我才得以成为那个铁打的女队友，成为混合团体中的常驻队员。

回顾中国自由式滑雪空中技巧队的混团赛绩，可以看出，这是一项我们有着很大竞争优势的增设项目。尤其是2022年年初芬兰卢卡混团的两站夺冠，更加提升了公众对中国队夺金的期待值。加之，这次又是在自己的家门口作战，自由式滑雪空中技巧混合团体这块金牌愈加志在必得。

2022年2月4日，北京冬奥以创意十足的开幕式成为全球瞩目的焦点。2月4日，也真正开启了我的奥运冲金倒计时。

距离自由式滑雪空中技巧混合团体比赛还有6天。

谁来代表中国队出征混合团体大战？中国队的报名名单上出现了5个名字：徐梦桃、孔凡钰、贾宗洋、齐广璞和王心迪。这预示着将有两名队员出局，虽然我非常有自信，但也非常理解从不确定到基本确定再到最终确定的严谨选拔流程。经过对每位队员成绩的多轮评估，确定了最终出场的三人名单：徐梦桃、贾宗洋和齐广璞。

身为混合团体中的唯一一名女性，第一个出发，无论什么动作，我都希望做好自己，平稳落地，给队友吃一颗定心丸，为队友创造好的氛围。我对自己的定位是既要发挥出自己的实力，也要与贾宗洋和齐广璞做好无间配合。我们三人的体育生涯有很多相同的经历，冬奥会"四朝元老"是我们共同的身份。虽然在赛场上合作混团只有数次，但凭借近20年的共同成长，我相信彼此之间完全可以实现默契的配合。

2月10日，是冬奥会开幕后的第6天了，中国队在张家口赛区的金牌榜单上依然为零。

箭在弦上的混团大战能否成为破金之战？外界所有目光都集中在我们三个元老的身上。

混团共有6支队伍参赛，都是精心组合的精兵良将，为了应对北京冬奥会的这个新增项目，他们都进行了周密而科学的先期准备和系统训练。其中美国队、俄罗斯奥运代表团队、白俄罗斯队等在世锦赛和世界杯都有不俗表现，都是中国队强大的竞争对手。

2月10日晚，2022年北京冬奥会自由式滑雪空中技巧混合团体决赛在张家口云顶滑雪公园进行。根据赛事规则，空中技巧混合团体决赛分两轮进行，6支参赛队伍，每队3名选手。运动员依次登场比赛，各完成一跳，按照三人总得分进行团体排名，首轮成绩位居前4名的队伍晋级，进入第二轮去争夺奖牌。

首轮比赛中，中国队最后登场，作为第一跳，我选择挑战女子选手的世界最高难度，得分94.01分，首轮排名第二。第二跳，美国选手利利斯落地时出现失误，贾宗洋成功挑战4.425的难度动作，得到124.78分，中国队跃居头名，加拿大和美国分别排名第二、第三位。

当我和贾宗洋完成两跳之后，美国队第三个出场的贾斯汀·舍尼菲尔德跳出了124.43的高分，美国队排名升为第一位。加拿大和瑞士分列第二、三位，俄罗斯排名第四。齐广璞最后出场，他选择了难度4.525的动作，出色完成，获得118.10分。最后，中国队以总分第一的名次，与美国队、加拿大队及瑞士队晋级第二轮决赛。俄罗斯奥运队和白俄罗斯队被淘汰出局。

以首轮第一的成绩杀入第二轮，符合所有人的预期，也与我们的整体实力相符。让我有些意外的是，俄罗斯和白俄罗斯两个传统强队出局。美国队的表现非常抢眼。事实证明，决赛第二轮，我们的真正对手正是美国队。

第二轮伊始，多位第一跳女选手发挥失误，美国女将考德威尔的表现同样不甚理想，得到88.86分。中国队最后出场，我抓住第二轮对手表现普遍走低的机会，以高难度完成高质量一跳，取得全场女子最高分106.03分，领先对手近20分。

似乎一切都在顺利地向混团金牌推进，我们的冬奥金牌梦似乎无限向我们靠近。当成功落地的一瞬间，我发出酣畅淋漓的狂吼，右手握拳用力地挥舞着，为自己和队友继续加油。

然而，我的嘶吼似乎还在天空回旋，10分钟后，对中国队有利的局面就被逆转。变数就发生在第二个出场的两位选手利利斯和贾宗洋身上。

先是利利斯选择了难度系数5.000的动作，并且高质量地完成，获得135分的全场最高分。贾宗洋紧接着出场，他选择的是与首轮一样的难度动作，向后翻腾3周加转体1440°，难度系数4.425，贾宗洋在过去的职业生涯中曾多次成功完成这个动作，正是凭借这个动作，他在首轮取得124.78的高分。从助滑起跳到翻转前半段一切正常，动作进入尾声时，意外发生了，在落地时由于重心向前偏移，预想中的"完美抛物线"最后时刻出现偏差，巨大的惯性使得他以前滚翻的方式结束了比赛。

看到贾宗洋落的瞬间，场边观战的我，瞬间从沸腾的状态直接下降到零度之下，刚才似乎就在眼前的那块金牌瞬间成为泡影。看着失落的贾宗洋向自己慢慢滑来，我走上去给他热情的拥抱，并宽慰道："没事，别闹心。我们三个人在一起就是中国队，要进一起进，要退一起退。"作为并肩作战近二十年的搭档，我知道这一刻是如何艰难，没有人比贾宗洋更加自责，更加难过。

面对这样的突发变故，中国队若想夺金，也只有两种不太可能的可能，一是美国队第三个出场的舍尼菲尔德出现失误，二是第三个出场的齐广璞调整动作难度，获得更高的分数。

舍尼菲尔德继续选择了难度 4.525 的动作，整体完成度尚可，获得 114.48 分，中国队的希望已经十分渺茫。因为分数差距拉大，即使最后出场的齐广璞选择更高难度的动作也无以弥补。如果选择最难动作再出现失误，中国队连得奖牌的希望也没了。所以，稳妥起见，齐广璞并没有选择大家所期望的 5.000 难度的动作，他选择了与舍尼菲尔德同样的动作，最后获得 122.17 分。

最终，中国队以总分 324.22 分获得银牌，美国队获得金牌。

惊天的逆转就在一瞬之间，刚才还是中国队囊中之物的金牌就这样飞到了自己的手中，美国队整个团队欣喜若狂，教练直接跪倒在了地上，队员们和刚才的我一样恣意呐喊，振臂高呼。对手的狂欢对照着我们的沮丧，这一刻，我分明感觉到有一个巨大的幽灵在步步接近我，继而化身一片巨大的阴影，将我的视野和内心重重覆盖。

阴影？银影？

混团比赛结束之后，中新社记者发布了特别报道，两句开头的导语让我记忆犹新：被视为冠军"最佳拼图"的徐梦桃、贾宗洋和齐广璞，10 日晚没能为中国空中技巧打破 16 年的冬奥"金牌荒"。

"金牌荒"对应着一个词"收银员"。再提"收银员"情非得已，只要了解中国自由式滑雪空中技巧冬奥历史的人，都会反复提及这个词。奥运银牌，本来代表着一个伟大的成绩，得到它，非常不易。但是，经过24年的冬奥流传，结合中国队男女运动员的成绩单，它意味着一个具有讽刺意味的名号"千年老二"，这与中国自由式滑雪空中技巧队"雪上天团"的称号形成了尴尬的比照。

女队：1998年长野冬奥会，中国队由徐囡囡拿到一枚银牌之后，银牌魔咒就开始发作：李妮娜在2006年都灵冬奥会和2010年温哥华冬奥会连拿两枚银牌；2014年索契冬奥会，我获得银牌；2018年平昌冬奥会，张鑫获得银牌。

男队：除了2006年都灵冬奥会韩晓鹏夺得一枚男子奥运金牌，再无冬奥金牌的纪录。平昌冬奥会，贾宗洋以不到一分的微弱劣势不及乌克兰选手，也是获得银牌。

真的不是在这里玩谐音梗，但是，在我们心中，"银"影真的成为驱赶不散的重重"阴"影。

混团，作为新增项目，被"银"影再次覆盖，中国队的银牌魔咒到底何时终结？

颁奖典礼上，颁奖台的对面，我发现了那么多同胞聚拢在赛场，他们不曾离去，再失望也要与我们在一起。如果此时此刻，中国国旗因我们升起，中国国歌因我们响起，该是一个多么荡气回肠的荣耀时刻！这个时刻，想了四年，但是，一切根本不是想象中的模样。在美国国歌的旋律中，我尽力保持风度，但是，我又怎么可能保持好风度。看一眼银牌，多一重遗憾；看一眼银牌，多一重内疚；看一眼银牌，多一重心痛……泪水不停流出，我只好反复去擦拭。

几乎就是同时，"徐梦桃颁奖落泪"成为微博热搜，当看到媒体众口一词点评我的"激动"泪水，我内心的尴尬度呈几何级数放大，直到一位"破防"网友的一句话击中我的心弦，让我瞬间破防：没有谁比徐梦桃更想要一块金牌了吧。

"七次，她抹了七次泪。"网络上的明眼人和明白人是真的多。

返回驻地的路上，全队上下气氛压抑，安静得有些可怕。有同事用手机播放中华人民共和国国歌，这个无比熟悉、无比应该在今日赛场上响起的旋律中，车上响起了此起彼伏的啜泣声，我的伙伴们在流泪，我的泪水不禁再次涌出……

回到驻地，我直接来到楼下心理教练王峻老师的房间，不想再压抑自己，直接号啕大哭。

王峻老师没有多说什么，只是在温柔地等待我。当我从哭泣中抬头，心里的感触不再是酸楚，而是有一份幸福。自己不再是六年前新疆冬运会之后那个孤独到无人可诉的桃小弱，不再是四年前平昌惨败之后假装坚强的桃小怕，此时此刻，在2022北京冬奥会现场，自己的身边有那么多温暖的陪伴，有那么多可以仰仗的力量和资源。

进入新赛季之后，王峻老师更是采取24小时办公加贴身陪伴的方式，每日每时都在给予我和队友们能量的输入和支持。

赛场上的我们需要的正是这样一种及时又到位的心理支持。

永远不要低估一颗冠军的心，因为它有着超强的胜利动机，如同时刻在熊熊燃烧的一团火焰，外界所能够提供的及时支持就是往我燃烧的心之容器内加"水"，加"鸡汤"，加"蛋白粉"等等复合"营养液"。王峻老师和我的团队，中心领导、领队到教练等人，他们就是一直在给我添加"营养液"的人。痛快地发泄之后，王峻老师对我进行了新一轮的情绪梳理，及时倾听，及时分析。支持系统的疗愈力与我的自愈力相得益彰共同发力，重重"银影"在后退，反弹在瞬间得以达成。

"王老师,放心吧,我已经安顿好身上的桃小弱、桃小怕、桃小满了,我还是那个无往而不胜的桃小棒!"

回到自己的房间,我在窗口望向冬奥赛场,明亮而安宁。走过那么多赛场,漫天风雪恰似狼烟四起,而在今天的赛场上空,我竟然发现天空中升起了一轮超级大的月亮,它如此温柔地照向我,照向我流满泪水的面庞。这是我见过的世界上最美丽的赛场。

它的背后是我可爱的祖国,美丽而强大。为祖国而战,三天之后,等我来战!

以最华丽的方式

我梦见自己怀孕了!

2022年2月13日凌晨,我在这样一个奇怪的梦中醒来。19时30分,北京冬奥会自由式滑雪女子空中技巧资格赛即将举行,这个奇怪的梦会有什么特别的象征吗?

比起梦境,13号的天气更让我关注。因为从12号开始,北京和张家口地区就开始飘雪,而且势头越来越猛。窗外的大雪肆意纷飞,又细又密,好像在编织着一张巨大的网,要覆盖世界上所有的缝隙和角落。

自由式滑雪空中技巧本来就是一项与雪打交道的运动,在下雪的场景中比赛并不稀奇。但是,今天的这场大雪大得出奇。如果雪过大,就会对赛道的雪温和雪质带来影响,雪面的黏稠程度无法达到比赛标准,不利于运动员正常发挥。更严重的是,过度密集的大雪会降低能见度,影响运动员和裁判员的视线,尤其对参与自由式滑雪相关项目、需要在高速滑行中完成动作的运动员来说，这是非常危险的，像我们空中技巧项目运动员，在落地环节就极有可能因看不清着陆坡，判断失误而导致受伤。

关注大雪天气，并不只是关心自己的比赛。作为运动员委员会的负责人，代表全体参赛运动员与赛事管理机构对接是我的工作职责。尤其在自己的家门口比赛，我更要为全体运动员认真负责，确保他们在安全的情况下，顺利完成比赛。

于是，出发去云顶赛场，伴随着雪的降落，还有越来越大的风。在一一征集所有参赛国家运动员和教练员的建议之后，我进行了及时汇总。为了让赛事主管机构听到更多一线运动员的真实心声，我还动员多个国家的运动员和我一起与相关主管人员进行面对面的沟通。经过反复权衡，赛事管理机构宣布取消13号当天的所有比赛。比较曲折的是，下午又出现了新变化，我收到的信息是"就目前情况而言，今晚的自由式滑雪女子空中技巧比赛将照常进行"。可当大家冒着大雪赶至赛场时，比赛又被再次宣布取消。最终的结果是，国际奥委会官方信息系统确认比赛延期一天举行。不得已，大批人马又折回驻地。当我们到达驻地酒店时，奇妙的一幕出现了：漫天大雪忽然停了！

充满戏剧性的一幕忽然让我想起凌晨那个奇怪的梦，周公解梦一下，它真的是个美妙的预示呢，预示着老天处心积虑地在为我做出最好的赛程安排，越过2月13日，全部定在2月14日，这一天，绝对是桃桃的幸运日。

难忘职业生涯中的两个"2月14日"：2009年2月14日，我在莫斯科第一次拿到了世界杯冠军，开启了自己炼金师的冠军之旅；2014年2月14日，我在索契冬奥会拿到了个人第一枚奥运奖牌，第二次冬奥之旅成就了我冬奥成绩的阶段性制高点。

2022年的2月14日到来的一刻，我期待自己去创造，去迎接，去获得一份更大的幸运。

大幸运哪能那么容易降临。一天双赛，被称为"魔鬼赛程"，资格赛与决赛在一天之内全部结束，这对运动员的体能和耐力是极大的考验。但是，面对所谓的魔鬼赛程，我又是一个经历过魔鬼训练的幸运儿。

八年前，索契冬奥预赛和决赛也全部安排在了同一天举行。由于赛制发生变化，决赛由原来的两轮计算总分改为三轮逐轮淘汰，这意味着进入决赛最后一轮的选手，最多需要在5小时之内完成5跳，而我便是当晚三位"5跳选手"之一。后续大大小小的赛场上，魔鬼赛程已经是家常便饭，最近的一届世界杯芬兰卢卡站更是将赛事节奏从早间、下午到晚间安排得无比紧凑。所以，密集的比赛节奏并不能给我带来额外的压力，而是带来历练自身稳定性的大好时机。

大幸运的气质真是高冷十足。果真是"天将降大任于是人也，必先苦其心志，劳其筋骨"，2月14日的天，那真叫一个冷。看着温度计上接近零下30摄氏度的数字，我忽然打了一个寒战。

东北姑娘这么不扛冷吗？是的，我一冷就胃疼，这个毛病从小就有。双腿遭受四次大手术之后，对冷湿天气更加敏感。说起冷，我想起的最"刻骨"的冷不是零下42摄氏度、出门睫毛就上霜的阿尔山，不是史上最冷冬奥的平昌凤凰山，不是刚刚比赛过的北极圈雪场卢卡，而是深秋时节秦皇岛训练基地的水池。

秋风渐起，气温降到了个位数，植物上也结了初霜，教练们都穿起了厚厚的羽绒服，六层楼高度的跳台之上，是寒风中即将冲向水池的我。为了减轻身体重量，让训练动作更加灵活，更具表现力，每次训练前，我会刻意脱去多余的夹层衣服，只穿着常规的训练服。当我冲入水池深处，水的凉意瞬间渗透训练服，继而波及全身，于是一个激灵连着一个激灵，从腹部、腿部再传到全身每个部位每个关节，冷得那叫一个酸爽。

为了适应寒冷天气，我一早就出去跑了几圈，算是为下午的资格赛小热身一下。预料到赛场上的气温会更低，我特意在出发前多带了两件厚衣服，一件大衣，一件中长衣服。当我来到赛场，全身瞬间被一股冷意穿透。现场气温提示已经降至零下 25 摄氏度，是入冬以来张家口的最低温度。真的感谢自己的先见之明，我赶快拿出衣服，在中长衣服之外叠加了长大衣，层层叠穿，避免自己的身体因寒冷而变得僵硬，影响自己的资格赛成绩。

高冷之下，我告诉自己一定要做到"以高治高"，以更高的难度、更高的质量、更高的稳定性去成功完成每一个动作。

2 月 14 日下午 3 点，2022 北京冬奥自由式滑雪空中技巧资格赛正式开始。

自由式滑雪女子空中技巧资格赛共有 10 个代表队 25 名选手参赛，资格赛共分两轮，第一轮前 6 名直接晋级决赛，其余选手进入资格赛第二轮，再决出 6 个决赛席位。

"下午 3 点"这个比赛时段对选手们也是一种挑战。因为，它打破了空中技巧项目在晚间开赛的常态。无论是场地的雪质、速度和光线，白天都与晚间有所不同，需要选手做出更加谨慎的应对和调整。

首轮资格赛中，我是第二个出场。原定动作是最高难度动作，即难度系数 4.293 的 bFFF，为了保险起见，我决定改为难度系数 4.028 的 bLFF。

上场前，教练欧晓涛像以往一样郑重地拥抱了我。作为我的师哥，每逢重大比赛，他总是用这种"此时无声胜有声"的方式送我上战场。那一刻我真的能够感受到身后团队的强悍力量，他们陪伴我一起成长，他们把所有的信任都交给了我，面对这份重托，我深深地点头，是的，大家心意相通！

出发！向后直体翻腾3周，转体720°，翻飞到顶点处，我似乎可以触摸到太阳的光芒。成功落地后，我发出了这一天的第一声呐喊，奋力发泄出4天前混合团体摘银的所有遗憾。

我完成首轮首跳之后，成绩很快出来：101.10分。这是个开门红的分数，完全可以保障我拿到决赛入场券。于是，我决定放弃第二轮，为晚间的决赛保存最好的体力。

下场后，我希望有更多的时间休息，于是婉拒了媒体的采访，对着话筒和摄像机只说了简短的几句话："对我来说，一切归零。晚上见！"

归零，我最不怕的就是归零。温哥华冬奥结束，在新一轮的归零过程中我减重25斤，丢掉雪场上那个大脸桃；索契冬奥结束，在新一轮的归零中我大修自己的心理和技术，在最低谷处得以重生；平昌冬奥结束，在新一轮的归零中我将心下沉三尺，通过"三十而练"成为史上最健康的桃小棒。"零"分明是一种独特的励志符号，引领我从好走向更好，从更好走向优秀，从优秀走向卓越。

即将到来的决赛仍与"零"相关，但不再是归零，而是为破零而战！

2月14日晚上7点，自由式滑雪空中技巧女子个人决赛正式开始。

决赛分为三轮：先有两轮半决赛，然后取最好成绩的前六名，晋级最后的"Super Final"大决赛。

首轮半决赛，我倒数第三个出场，首跳选择资格赛中的原定动作：难度系数高达4.293的bFFF，这是当今女子空中技巧的最高难度动作。

直体后空翻三周转体1080°，落地平稳，103.89分！

经过首轮半决赛，我又以一个高分，稳稳锁定了大决战的名单。

随后，我果断放弃了第二轮，蓄力最终一跳。

经过两轮半决赛，共有六名选手进入大决赛：中国队我和孔凡钰、美国选手阿什莉·考德威尔、澳大利亚选手劳拉·皮尔、美国选手梅甘·尼克和白俄罗斯选手汉娜·胡什科娃。很巧的是，六名选手中有三位分别是冬奥会的金、银、铜牌得主：我是索契冬奥会女子个人银牌得主，胡什科娃是平昌冬奥会女子个人金牌得主，孔凡钰是平昌冬奥会女子个人铜牌得主。

不愧是上届冬奥的金牌得主，白俄罗斯选手汉娜·胡什科娃第一个出场，就以4.028的难度动作跳出了107.95的高分，给后面的选手带来非常大的压力。

她的高分着实影响了对手的正常发挥，劳拉·皮尔和孔凡钰在决赛第二轮接连出现失误，中国队冲金的压力又一次集中到了我一个人身上。

大决赛的最后一轮，六位选手中我是第五个出场，在我之后，只剩下美国队的阿什莉·考德威尔。

前有胡什科娃的高分压迫，后有考德威尔的围追堵截，当时的战局对我形成了双面夹击。但是，这一切都与我无关。此刻的我，面对最后一跳，内心忽而平静了——那是一种沉浸的状态。我能听到赛场上任何一种声音，而心中并无多大的波澜，我仍然选择和前两跳相同难度系数的动作 bFFF，我只想将这一跳完美实现，因为，我所有的储备都已经到位，就等这一跳了。

自由式滑雪空中技巧，被称为雪上的"勇敢者运动"，它的观赏性与它的危险性相辅相成。运动员从70米的赛道俯冲下来，依靠惯性腾空10多米，相当于六层楼的高度，然后在空中完成一系列复杂的动作，在落地时所承受的重量是人身体的好几倍。它一直在挑战人类的极限，并一直有巨大的风险如影随形，"以最华丽的方式，冲下陡坡，并稳稳落地"是每个空中技巧运动员最高段位的极致技巧。

俯冲、起跳、空中翻腾三周外加转体三周，最后稳稳落地！

助滑有力，腾空高度充分，落地非常稳！

108.61 分！一举超越所有对手，排名第一。

"太漂亮了！"空中技巧江湖上嗓门儿最大的人再次发威，为自己点赞，为以沉浸式完成高难度动作的自己点赞。内心积攒的情绪，这一刻完全释放。而现场也已经沸腾，都在为我最后的完美一跳齐声欢呼。虽然比赛尚未结束，但是，赛场上的氛围已经被我的高分点燃，好像是在提前庆祝我夺冠。

来自观众的欢呼，让我无比兴奋，又无比紧张。我知道在决赛第一轮表现出色的阿什莉·考德威尔已经最后一个出场。作为相识10多年的老朋友，我的心情无比复杂，大家各凭本事，彼此都希望超常发挥，我转过身去背对着赛场，不去看她的比赛。现场发出一种声音，是头盔背靠雪面发出的，我的专业直觉告诉我，她摔了……

决赛中的女选手们果然一个比一个拼，大家几乎都选择了和我一样难度系数的bFFF，但是，阿什莉·考德威尔在完成这个动作时出现了失误，仅得到了83.71分。

当阿什莉的分数公布之后，我知道自己终于锁定了这枚金牌，终于喊出了刚才含在嘴边的一句话：同志们，我们赢了！中国是冠军！

周围的欢呼声冲上云顶，我知道一块分量十足的冬奥金牌终于收入囊中，这是本届中国代表团的第五金！也是张家口赛区的中国首金！更是中国自由式滑雪空中技巧女子个人项目的冬奥首金！

但是，我感觉此时此刻像做梦一样，是如此不真实。我双手高擎着国旗，依然沉醉于最后一跳的超帅时刻。

本届冬奥会，经历混合团体比赛和女子个人比赛两个项目，我共完成五跳动作，其中四跳均是女子世界最高难度bFFF。四跳全部过百分，四跳无一失误，实现了最高难度、最难突破、最佳状态、最优成绩的四之最。

从 2002 年进入冬季运动的竞技世界，历经 20 年大大小小赛事磨砺，穿越四届冬奥的战火硝烟，我终于以最最华丽的方式将自己的职业生涯推向了最高峰。

我一边眼神掠过大屏幕，一边怀疑地问："我是不是第一？"十几个举着摄像机的记者，齐声回应着："是！"我希望再一次得到确认："我是不是第一？"他们比前一次的回答还要大声，还要确定！

夺冠的场景，我曾想象了上百次、上千次、无数次。这是第四届冬奥会了，意味着我 20 年的不懈追求，只为了这一块梦萦中国队二十多年的金牌。我想，人真的需要梦想！唯有热爱与梦想才可抵消这岁月的苦守。

在这个非凡时刻，看到比分的考德威尔紧紧地拥抱了我，我们既是赛场上多年较劲的对手，又是同一个教练的门徒。她为我欢呼着："Taotao, Olympic champion!（桃桃，你是奥运冠军！）"，"I'm so proud of you!"（我真为你骄傲！）

此时我已经激动难抑，我披上耀眼的国旗，在赛场上狂奔，尽情地挥洒泪水，和所有人热烈拥抱，在风雪中呐喊出了内心累积了经年的渴望："我是第一吗？"

"我是第一吗？"

"我是第一吗！"

我的激情呐喊带着颤抖的哭腔，回荡在云顶滑雪公园的每个角落。在最冷的张家口之夜，我以最高嗓门儿的嘶吼与"第一"拥抱。从这最后胜利的一刻起，整个云顶赛场成了为我祝贺胜利的超级大 PARTY。

我是第一吗？

你是第一！

我是第一吗？

你是第一！

我是第一吗！

是的，你是第一！

在全场观众的齐声应和中，我的20年冰雪人生中那么多个"第一"在云顶上空一一滑过：

2002年：开始从事冬季运动项目：第一次滑雪，第一次完成雪上跳台。

2003年：第一次参加全国青年锦标赛，冠军。

2004年：第一次参加全国冠军赛（青年组），冠军。

2005年：第一次参加全国冠军赛（成年组），冠军。

2006年：第一次尝试水池跳三周台；第一次参加世界杯比赛，季军；第一次参加全国锦标赛（成年组），亚军；第一次雪上完成FDF，DFF；入选国家青年队，第一次出国训练。

2007年：第一次参加世界青年锦标赛，冠军；第一次雪上完成三周台动作；第一次参加亚冬会，亚军；第一次获得国际雪联新人奖；正式入选国家队；膝关节前交叉韧带第一次断裂。

2008年：第一次做膝关节前交叉韧带重建手术；国内第一个术后仅7个月就回归专项训练的运动员。

2009年：第一次获得世界杯冠军；第一次参加世界锦标赛，亚军；第一次参加世界杯水池积分赛，冠军；世界杯水池积分赛中第一个使用LDFF的女运动员；第一次获得世界杯混合团体冠军。

2010年：第一次参加冬奥会，第六名；第一次获得世界杯总排名奖牌，季军；第一次用三周台动作获得世界杯冠军。

2011年：取得世锦赛历史最好成绩，亚军；取得世界杯总排名历史最好成绩，第二名；第一次取得世界杯水池积分赛两连冠。

2012年：第一次获得全运会冠军；第一次获得冬运会冠军；第一次获得世界杯总排名第一；第一次获得世界杯四连冠。

2013年：第一次获得世锦赛冠军；第一个卫冕该项目世界总排名第一的女运动员；第一次获得自由式滑雪技巧类总冠军（国际雪联）；第一次取得世界杯六赛五冠；第一次创造女子最高难度动作LDFF最高得分116.90分。

2014年：第一次获得冬奥会奖牌，亚军；第一次获得国家体育荣誉奖章。

2015年：世锦赛奖牌数量第一次追平世界纪录。

2016年：膝关节前交叉韧带第二次断裂，第一次术后回归首站获世界杯冠军；世界杯年度排名第一。

2017年：世锦赛奖牌数量第一次打破世界纪录；世界杯年度总排名第一。

2018年：第三次参加冬奥会，第九名；世界杯年度总排名第一；第一次蝉联三届世界杯总冠军；世界杯总冠军数量第一次追平世界纪录；第二次获得国家体育荣誉奖章。

2019年：第一次获得世锦赛混合团体奖牌，亚军；第一个连续六届获得世锦赛奖牌的运动员；世界杯金牌数量第一次追平世界纪录；世界杯总排名奖牌榜第一次打破世界纪录；第三次获得国家体育荣誉奖章。

2020年：第一次当选中国奥委会运动员委员会委员。

2021年：世界杯金牌数量第一次打破世界纪录。

2022年：第四次参加冬奥会，第一次获得冬奥会自由式滑雪空中技巧女子个人冠军；第一次获得冬奥会自由式滑雪空中技巧混合团体亚军；世界杯总排名金牌榜第一次打破世界纪录。

少女、青春、伤痛、焦虑、低谷、两周台、三周台、世界杯、世锦赛、难度、荣耀、水上、雪上、陆上、金牌、银牌、铜牌、冠军、总冠军、大满贯。当无数个第一次、第一名、第一个在命运的清单中依次现身，爱化为热爱，焦虑化为骄傲，伤疤化为勋章，难度化为里程碑，苦心人天不负，一切都在顺理成章中化为最好的安排。

1998长野冬奥，2002盐湖城冬奥，2006都灵冬奥，2010温哥华冬奥，2014索契冬奥，2018平昌冬奥，六届冬奥会，5枚自由式滑雪女子空中技巧银牌，中国自由式滑雪空中技巧女队"收银员"的魔咒，在2022年2月14日被驱逐。从温哥华的黄柏山滑雪场到索契的玫瑰庄园滑雪场，再到平昌的凤凰雪上公园，我三届冬奥会无缘金牌的宿命，在2022年2月14日被打破。

驱逐魔咒，打破宿命，靠的是一种真正的强大，它不只是技术上的强大、体能上的强大、心理上的强大，还有策略上的强大。

强大的策略，这是我作为老将的智慧和经验。资格赛我主动放弃第二轮，返回驻地后我及时给自己补充所有的给养：吃饭、补觉、泡脚，以完备的体能和心理去应对晚间的决赛。决赛第二轮我选择再次放弃，借由这个短暂喘息的时间，我来到赛场裁判楼一楼，靠在暖气旁边取暖40分钟，让自己冰冷的全身得以舒缓，为大决赛的最后一跳蓄力蓄能。正是通过舍小保大、主次分明的智慧应对和处理，保障了我在有张有弛的节奏中完美实现沉浸式比赛。

我以双脚腾跃的方式登上冠军领奖台，这个动作仿佛自由式滑雪空中技巧的安全着陆，而稳稳托举起我的，就是这方领奖台下这片我深爱的土地。上一次站上冬奥领奖台，已经是八年之前。八年之后，我以四届冬奥最好的状态，登上了冠军领奖台，而我的充电底座正是脚下的土地，身边的家人，身后的祖国。

当老徐引领我走上竞技体育之路，20年来，一路扶持我的就是国家力量。身边的领导和同事既代表国家，又是我的家人，给予我宽容，给予我动力，给我创造了那么好的康复条件，使得北京周期四年成为我冬奥奋斗历史上最健康的四年。为了能让我睡个好觉，中心领导特意将我最有感觉的大床垫从秦皇岛训练基地长途运来，跟从我的比赛，随车一路相伴，全力支持我征战各个赛场。大的成功正是由整个团队的细节铸就。走下领奖台，我将手里的金墩墩赠予迪马教练，代表我自己，也代表中国队感谢他三年半以来对中国队的专业指导，为中国队的倾情付出。

"北京周期"四年紧张备赛，最关键的两年遭遇新冠肺炎疫情的严峻考验，我和我的队友们仍然能够飞翔在冬奥赛场争金夺银，享受体育的魅力，内心最深的体会就是，国家把我们照顾得好好的、保护得好好的，中国运动员是世界上最幸福的运动员，没有祖国就没有我们的今天，更没有今天站在冠军领奖台上的我。

从不断归零，到零的突破。比赛结束后，我做的第一件事，就是去国际雪联翻自己的名片。在这一天之前，徐梦桃个人名片中所有栏目里的成绩都一路领先，唯独在奥运金牌那一项，写着一个"0"。当我看到那个"0"终于刷新成为"1"的时刻，我感觉一切都值得了。

九九归一，圆满至极。

开心，激动，无法入睡，真心希望这幸福的一刻过得慢一点。

2022年2月15日凌晨三点，处于幸福失眠状态的我发了一条朋友圈："2010年温哥华，2014年索契，2018年平昌，2022年北京。四年前平昌冬奥会我遗憾得一宿没睡，四年后的今天我激动得睡不着。今天我'疯了'，破防了，圆梦了，创造历史了。空中技巧中国女队终于有奥运金牌了，我终于成大满贯了。"

圆梦的感觉真好。

15年前，2007年，我首次出国比赛，在瑞士世界青年锦标赛中首获金牌之后，17岁的我接受了故乡鞍山电视台的专访。谈到刚刚获得的世界冠军，谈到梦想，我和主持人进行了这样一段对话：

主持人：升国旗的时候，是不是很激动啊？国歌因为自己而奏响，掉眼泪了吗？

我：没掉眼泪。当时我就心里想，这才哪到哪啊，才世青赛，以后等到奥运会的时候，那才是真正的、最好的世界冠军。

主持人：那个时候站在领奖台上，才是最牛的。

我：哈哈哈，是的！

看到17岁的自己，既稚嫩又坚定，圆圆脸上写着大大的梦想：奥运冠军。而冬奥梦想不再止于想，真正成为现实，已经是15年之后的此时此刻。犹记得，那个专题的名字叫作《圆梦》。今天，我要告诉17岁的小梦桃：亲爱的，你终于圆梦了，是真的圆梦了。

2022年2月14日，我的"第一"又有了最新的全满贯版本：

我共获得奥运会奖牌3枚（1金2银），国际雪联自由式滑雪空中技巧世界杯奖牌49枚，其中个人金牌27枚、银牌12枚、铜牌10枚。自2009年12月首届世界杯混合团体项目诞生，共获得7枚金牌、1枚铜牌。世锦赛奖牌7枚（1金3银3铜）。世界杯年度总排名奖牌9枚，其中第一名5次、第二名2次、第三名3次，成为空中技巧项目历史第一人。

2022年2月20日，北京冬奥闭幕式上，我有幸再次被命运选中，成为光荣的闭幕式旗手，当我和高亭宇以"高举中国梦"的方式通力合作，将中华人民共和国国旗举得最高，我们的国旗成为全宇宙最耀眼的那抹红。

飞往我的山

你为什么能拿第一？

你为什么拿了那么多第一？

每当我在社交平台分享自己最新的赛绩大数据，从媒体记者到粉丝网友，都会向我发出许多关于"第一"的灵魂拷问。

我的答案几乎可以上知乎：要拿第一，第一要有老徐这样的老爸。

北京冬奥夺冠之后，通过北京卫视演播室，首次与父母视频连线。

"我爱你女儿，非常非常爱你。爸爸给你选择了这个职业，你很不容易。"

真的是第一次听到老徐面对面这样对小徐说话。一时间，我竟无以应对，唯有和老徐一样泪流满面。虽然是大嗓门女儿，其实极少和老徐当面交心。记得有一次给爸妈发了一张照片，片刻后，老徐回复一句：女儿长大了。语气是那样的欣慰。自己慢慢地在长大，在成熟，而我最怕的就是父母那渐老的容颜。透过屏幕，我第一次发现老徐真的老了。37 岁中年得女，自女儿 4 岁起，一步一步引领她走上竞技体育之路，28 年之后闺女终登冬奥最高领奖台，而这位资深奥运梦想家已年届七旬。

我们家是多么平凡。

"那是 1990 年夏天的一个上午，在辽宁鞍山一间普通的民房里，传出一阵女孩呱呱落地的哭声。这家姓徐，孩子父亲是做小买卖的。不过她的父亲老徐啊，非常喜欢体育，一心要当运动员，可惜没机遇，最后他把梦想寄托在女儿身上……"

> 我们家又是多么不凡。
>
> 小女出征胆气豪，
>
> 为酬壮志冲目标。
>
> 心系奥运战云顶，
>
> 巾帼健儿徐梦桃。

这两段文字是我的姨姥姥、评书大师刘兰芳女士特意为我们家创作的评书作品，在她铿锵有力的精彩演绎中，徐家的家世和家风、梦想和传承、平凡和不凡都蕴含其中。

在长大与变老之间，20年亲密有限。我的日子被四年一度的冬奥周期切分，就像小丽所言，我将每天都过成了奥运会。在中国人最看重、也最隆重的节日——春节，我要么在冬训，要么在比赛。在徐家，没有春节，没有团聚，没有日常生活，父母被捆绑在冬奥的战车上，跟随我一起风雪兼程。无论我赢得胜利，还是成为败将，无论我创造新纪录，还是一次次受伤，他们永远站在我的身后，时刻做好欢迎我、抚慰我、陪伴我、鼓励我的各种准备，成为我的自由式滑雪空中技巧运动体系中最稳定、最持久的支持系统。

作为父亲，老徐真的是不平凡，他做到了超酷的两点：20年可以不用闺女陪过年，20年不需要闺女给过生日。当我错过春节对他的陪伴，其实也同时错过了老徐的生日，因为，他的生日正是大年初一。

得了冠军，我不认为自己有什么不凡，如果我有不凡之处，是因为我有老徐和小丽这样的金牌父母。两个人出生平民家庭，但他们有金子般闪光的追求。在我们家的三观里，一个人最大的本事不是挣大钱，而是站上最高的领奖台，升国旗，奏国歌。爸妈对美好生活的向往，就是我的奋斗方向，而他们的向往中，最具分量的不是大房子和豪车，而是年轻时未曾实现的奥运梦想。好战分子的父亲，培养出好赛分子的女儿，完全符合命运的逻辑，而老徐的小买卖，也滋养出有草根之心的女儿，这亦是命运的真章。他将平凡和不凡都扎扎实实地串在一起，就好像经营他的老徐肉串，不疾不徐，不卑不亢，将日子里的百般苦涩用各种绝妙的调料去中和，去稀释，去消化，将人间烟火升华为我金牌之夜的华丽焰火。

是的，他们没有给我先天的财富，但给了我健康的身体、强悍的生存力；他们没有给我豪华的嫁妆，但给了我柔软的心地、经营美好婚姻的本领。他们让我在体育世界成为最职业的运动员，在现实世界成为最快乐的小女孩。让我笃信爱，忠诚爱，和心迪完成一生的携手。缔结在战友情根基上的桃心之恋，传承了徐家的家风，那就是：一段会发光的爱情，不是金钱的光泽，而是梦想的闪耀。

幸运的是，我得传父母的教养，但又擅长自我教育，任何一个内心强大的女孩，都不是喝他人的鸡汤长大的，而是在自我总结中完成探索式的成长。我并非父母的牵线木偶，从走上这条路开始，我就主动摁下了命运的那个开关。我是他们梦想的传承者，更是自己人生的掌控者。他们给予我自由，我给予自己方向；他们给予我爱护，我给予自己自强；他们给予我理解，我给予自己理想。在这个过程中，我没有成为戴着头盔只会在山上翻跟头的傻丫头，而是成为以热爱和信仰引领，在命运高地上飞翔的大女生，我既成为老徐最好的闺女，也成为最好的自己。

历史学家塔拉·韦斯特弗在《你当像鸟飞往你的山》中这样写道："小时候，我等待思想成熟，等待经验积累，等待抉择坚定，等待成为成年人的样子。那个人，或者那个化身，曾经有所归属。我属于那座山，是那座山塑造了我，只是随着年龄的增长，我开始思考，我的起点是否就是我的终点——一个人初具的雏形是否就是他唯一真实的样貌。"

我曾经不太擅长等待，一味地"冲鸭冲鸭"，总是无法抵达山顶，北京冬奥的一金一银告诉我：兴奋只是片刻，幸福才是恒久。一个人最大的快乐不在登顶的那一刻，而在攀登的过程之中；快马加鞭，会错过太多，进退自如，才会沉浸其中。运动与生活，从来没有先后之分，即使在运动场上，决定一切的也不只有金牌论。

我会等一等，让变老的父母跟上我的步伐。

我会等一等，让我和心迪的婚姻像爱情一样细水长流。

我会等一等，让自己的前瞻性变得更科学、更人文，为十年后，乃至更遥远的岁月做好更充分的预热和准备。

自己有耐力将每一天都过成奥运会，我也一定有能力将未来的每一天都过成幸运日。世界上所有人类活动要么是有限的游戏，要么是无限的游戏，有限的游戏以取胜为目的，而无限的游戏则以不停地进行下去为目的。如果奥运赛道上演的是有限游戏，我以金牌和最高学位宣布成功通关；而在生活的赛道上，虽然我是一只早鸟，但要想成为这个赛道上的优秀选手，我还需要进一步深造，努力成为一名全能型的终身学习者。

从国家队队长到冬奥冠军，从冬奥冠军到冬奥会闭幕式旗手；从冬奥会闭幕式旗手到党的二十大代表；从震撼世界的北京冬奥会到党的二十大，一个伟大国家在2022年的两件大事，我都全力以赴，都有幸参与其中，这样的幸运是不平凡的，但又与我的平凡初心深度关联。

纸短情长，未来已来。从为人子女到今天的已为人妻，未来可期。我以此书为自己的人生画一个逗号，献给父母，献给祖国，献给我和心迪未来的孩子们。

2018年遭遇平昌失利之后，我在阿尔山写下了这样一段话，给十年后的自己。在书的最后，我仍然以这段话，再致自己。

十年后，

你三十八岁，

在家庭幸福、事业丰收、父母健康、老公超爱你、儿女超宠你的岁月里，

你变得更加温暖、快乐。

十年后，

愿岁月待你不薄，时光待你如初，

十年后，

愿所有的不平凡，

所有的平凡，

都变成生命中最美好的底色。

生而平凡，生而不凡，我当像鸟，飞越风雨雷电，飞越低谷平原，飞往我的群山，将更大的赛场、更多的赛道延伸为梦想的群峰，于群峰之上，更觉长风浩荡！

后记

三十而已，未来待续

我总是不太擅长告别。

当我落笔最后一个字，忽然心生不舍。如同每次比赛，无论胜败，每到散场时刻，我都会心生流连——流连雪山之上高远的天空，流连比赛现场的喝彩，流连逆风翻盘的最后一跳，流连瞬间怒放的最高难度。

赛场的真实感总是充满了强烈的戏剧性。它与平淡的生命日常互为映照，如同我枯燥的日常训练。而我的惊喜与沮丧几乎都发生在赛场，当我尝试着将经历的重要时刻写进自己的第一本书，也曾心生忐忑，我会成为一个靠谱的写手吗？当一个字一个字地去生成，我才发现写作也如同比赛，真正的惊喜早已在日常中酿就。

从"少女桃"到"而立桃"，自己真的是一个擅长书写和记录的人。那些转瞬即逝的瞬间，那些铭心刻骨的身影，我从未在心底与它们告别，这一切，都以训练笔记和生活日记的方式存储于我的笔记本中，我的手机中，我的自媒体平台上。海量的记录，为我的写作提供了丰厚的素材。所以，这些日常的累积才会在异常忙碌的2022年立下奇功，助我完成了自己的第一本书。这无疑是命运之神对一位长期主义者的鼓励和嘉奖。

又一个惊喜很快也来了。连接起两颗冠军之心的，恰恰又是借由文字生成的书信。

"您好，亚萍姐，我是徐梦桃"，2022年夏季的一天，我终于有机会以写信人的身份见到了儿时的偶像邓亚萍。从小时候通过家中电视屏幕的"面对面"到现实当中的面对面，两次"见到"之间，已然是20多年的光阴流转。

她，恰似我体育人生的命运符号，关联起童年的启蒙、少年的向往和青春的梦想。正是因为这位冠军姐姐在奥运会上奏响国歌的场面，激励我自小萌生了奥运冠军梦，并历时20年磨砺夺得冬奥会冠军，一举拿下空中技巧项目的"大满贯"。这封信好像打开了我人生的平行时空，写给邓亚萍，也是写给我自己，那些为冠军而生、为祖国而战的信念和荣耀，共同存在于我们的命运版图。就像我在信中所写："热爱是我坚持的理由，运动的魅力征服了我，勇往直前，超越自己，突破极限，直到终于身披五星红旗。"

这本书收笔于我的三十岁左右。无论是三十而立，还是三十而已，无论在跳台之上，还是大地之上，身为长期主义者和终身学习者，我会将行动派与思考者的优势深度融合，风雪兼程，每日三省，以更加努力、更加踏实的步履走好，并记录好未来人生的每一个阶段。

有些话说出来很笨，写出来很真——真实的骄傲，真实的忧伤，真实的失败，真实的伤痛，真实的光荣，真实的热爱。当真实的它们化为笔下的文字，也真正表达出了我心深处的那些无以言尽。

纸短情长，家国记忆。对于一位30多岁的作者而言，我很荣幸有这样的机会，以"真"的文字与读者朋友们相遇，这是我的第一本书，但不会是我的最后一本。这缘于我对未来的自己提出了更高的要求，我希望未来的徐梦桃创造更精彩的人生，书写新的一段更值得与读者们分享的命运续章。

作为一名运动员，我深知，我所获得的荣耀属于整个中国体育、中国冰雪以及默默付出的教练和同伴们。我希望用我追求梦想、力拼冠军的劲头，带动身边所有的人，希望把中国体育的精气神传承下去。

感谢所有支持我的家人和朋友，感谢所有关注这本书的读者朋友。

不说再见，让我们在文字里互相取暖，彼此陪伴。

2022 年 9 月 9 日于北京